高等学校现代统计学系列教材

应用统计学

Applied Statistics

Yingyong Tongjixue

贾俊平 编著

高等教育出版社·北京

与本书配套的数字课程资源使用说明

与本书配套的数字课程资源发布在高等教育出版社易课程网站，请登录网站后开始课程学习。

网站登录

1.访问http://abook.hep.com.cn/1243709
2.输入数字课程账号（见封底明码）、密码、验证码
3.点击“进入课程”
4.开始课程学习
账号自登录之日起一年内有效，过期作废。
使用本账号如有任何问题，请发邮件至：zhangxl1@hep.com.cn

总　序

统计学是一门收集、整理和分析数据的科学和艺术。这里的“数据”通指“信息的载体”，涵盖了大千世界中的文本、图像、视频、时空数据、基因数据等。统计学是一个独立的学科，在历史上曾隶属于数学，但统计学与数学有着本质的区别，因此统计学教育有其自身的特点和要求，这些特点表现为：（1）统计学研究的是随机现象，而数学研究的是确定性的规律；（2）统计学是一门应用性很强的学科，许多概念和原理来自于实际的需要，不是数理逻辑的产物；（3）数据在统计学中扮演了重要的角色。目前，统计学已被列为一级学科。

在过去的30年中，随着生命科学、信息科学、物质科学、资源环境、认知科学、工程技术、经济金融和人文科学等众多学科的发展，产生了许多新的统计学分支，如风险管理、数据挖掘、基因芯片分析等。此外，计算机及其有关软件在统计教育和应用中扮演了越来越重要的角色，它们提供了越来越多的图形表达和分析的方法，使得许多原来教科书中重要的内容，现在已变得无足轻重。统计教育必须要改革才能适应高速发展的形势。

大学的统计教育可分为两大类，一类是非统计学专业的课程，另一类是统计学专业的教学设计。非统计学专业的学生学习统计的目的是为了应用，在大学阶段，课程不多，主要是学习基础的统计概念和方法，学会使用统计软件，培养其解决实际问题的能力。统计学专业的课程设置十分重要，应向国际靠拢，对教师队伍的要求也较高。虽然这两类学生的教育有很多共同点，但在课程设置中必须加以区分。

我国的统计教育在过去受苏联的影响很深，把统计学作为数学的一个分支，在内容上偏理论，少应用，过于强调概率论在统计中的作用。统计学是一门应用性很强的学科，应从实际问题、从数据出发，通过统计的工具来揭示数据内部的规律。用“建模”的思路来教统计，使学生能更加容易理解统计的概念和方法，知道如何将实际问题抽象为统计模型，反过来又指导实践。对非统计学专业的学生，要强调统计的应用。学生要能熟练地使用至少一个统计软件包。对于统计学专业的学生，要培养学生对实际问题的建模能力。有些实际问题可直接应用现有的统计方法来解决，如问卷调查的统计分析。有些问题在初次接触时并不像一个统计问题，必须有坚实的统计基础和对实际问题的洞察力，才能从中发掘出统计模型。要培养学生的这种能力及统计思想（统计思想是统计文化的一部分，是用统计学的逻辑思考问题）。教师在授课中要结合较多的应用例子，要求学生做案例研究，鼓励学生参加建模比赛，参加企业的实际项目。

为满足我国统计教育发展的需要，我们计划编写一套面向高校本科生、特别是一般院校，适用于统计学专业和非统计学专业的系列教材。系列教材的编写宗旨是：突出教学内容的现代化，重视统计思想的介绍，适应现代统计教育的特点及时代发展的新要求；以统计软件为支撑，注重统计知识的应用；内容简明扼要，生动活泼，通俗易懂。编写原则为：（1）从数据出发，不是从假设、定理出发；（2）从归纳出发，不是从演绎出发；（3）强调案例分析；（4）重统计思想的阐述，弱化数学证明的推导。系列教材分为两个方向，一个面对统计学专业，另一个面对非统计学专业和应用统计工作者。

高等学校现代统计学系列教材是适应形势的要求，由高等教育出版社邀请专家组成“高等学校现代统计学系列教材编委会”负责选题、审稿，由高等教育出版社出版。

以上是我们编写这套教材的背景和理念，希望得到读者的支持，特别是高校领导和教学一线的教师的支持。我们希望使用这套教材的师生和读者多提宝贵意见，使教材不断完善。

高等学校现代统计学系列教材编委会

前 言

为适应社会发展的需求及教学改革对课程建设调整的新形势，编者结合多年在课程教材建设方面的思考和探索编写了这本教材。主要内容包括数据的描述性分析、统计推断的基本原理和方法以及实际中常用的一些统计方法。全书共包括10章，第1章介绍统计的一些基本概念、统计数据及其收集方法以及常用的一些统计分析软件等。第2章和第3章介绍数据的描述性方法，包括数据的图表展示和一些常用统计量的计算方法。第4章介绍常用的一些概率分布以及样本统计量的概率分布。第5章和第6章介绍推断统计的基本原理和方法，包括参数估计和假设检验。第7章介绍类别变量的分析方法，包括一个类别变量的拟合优度检验以及两个类别变量的独立性检验。第8章介绍相关与回归分析方法，包括相关分析和一元线性回归分析。第9章介绍时间序列的预测方法。第10章介绍统计指数，包括指数的编制及其应用。

本书以纸质教材配套数字课程形式出版，数字课程可以补充、拓展纸质版教学内容，加强教学效果，进一步增强教材的基础性、实用性、先进性和启发性，提高教材使用的实效性。本书的内容和特色如下：

1. 摆脱理论式、公式化教学，将重心放在对统计思想、方法的理解及应用上，培养读者将统计用于实处。
2. 结合使用SPSS（19.0中文版）和Excel两个软件，对每章涉及的方法在章末给出了具体的操作步骤，读者按此操作就会得到所需的统计分析结果。除部分方法展示了计算过程外，多数统计计算都使用软件直接给出结果，并对输出结果做了详细解读。
3. 数字课程分8个模块：统计英语、Excel统计函数、拓展阅读、释疑解难、配套数据、名词解释、知识导图、基本公式，从知识的深度和广度上对教材内容进行补充，辅助教与学。可登录易课程网站“http://abook.hep.com.cn/1243709”获取资源，更多资源不断更新中。
4. 内容编排上打破常规，创新设计。在不影响传统阅读学习习惯下，在纸质教材相应位置进行资源标注，引导读者配合数字课程进行个性化学习，同时资源以二维码形式呈现，扫描后即可实时学习。

统计的精髓是使复杂问题简单化，而不是把简单问题复杂化；统计的真谛在于它所体现的思想，在于它所提供的思维方式；学好统计的关键是掌握如何运用统计思维来思考问题，而不是简单地记住那些死的统计知识。本书力求按照这样的思路来写作，但未必能在内容中全部得到体现。限于编著者水平有限，教材中缺点和错误在所难免，恳请各位专家、同仁和读者指正。

贾俊平
2013 年 6 月
于中国人民大学统计学院

目　录

第1章 统计、数据和计算机

统计思维总有一天会像读与写一样成为一个有效率公民的必备能力.

——H. G. Wells

开篇案例：怎样理解这样的一些结论？

每天你都会看到各种统计数字，但你或许没有仔细想过它们意味着什么. 看看下面的一些研究结论，你会有怎样的看法呢？

☐ 吸烟对健康是有害的，吸香烟的男性寿命会减少 2250 天.

☐ 不结婚的男性寿命会减少 3500 天，不结婚的女性寿命会减少 1600 天.

☐ 身体超重 30% 会使寿命减少 1300 天.

☐ 每天摄取 500 mL 维生素 C，生命可延长 6 年.

☐ 身材高的父亲，其子女的身材也较高.

☐ 第二个出生的子女没有第一个聪明，第三个出生的子女没有第二个聪明，依此类推.

☐ 学生们在听了莫扎特钢琴曲 10 分钟后的推理，要比他们听 10 分钟娱乐性的其他曲目后的推理做得更好.

☐ 漂亮的女性有损男性的智力. 男性在看到漂亮女性时智力会下降，这就是为什么大学里的女孩子比男孩子学习好的原因之一.

☐ 上课坐在前面的学生平均考试分数比坐在后面的学生高.

☐ 中国科学院空间环境研究预报中心的专家称，在神舟七号载人航天飞行期间，飞船遭遇空间碎片的概率在百万分之一以下.

看懂这些结论并不困难，但这些结论是怎样得出来的？你相信这些结论吗？学点儿统计学知识你就会正确理解它们.

在日常生活中，经常会接触到统计数据或一些统计研究结果. 比如，在电视、报纸、网络等各种媒体中就会经常看见一些报道使用统计数据、图表等. 作为一门科学的统计学研究什么呢？怎样获得所需要的统计数据呢？这就是本章将要介绍的内容. 1

1.1 统计及其应用领域

了解一些统计学知识对每个人都是必要的. 比如，在外出旅游时，你需要关心一段时间内的详细天气预报；在投资股票时，你需要了解股票市场价格的信息，了解某只特定股票的相关财务信息；在观看足球比赛时，除了关心进球数的多少，你还要知道各支球队的技术统计，等等. 要正确阅读并理解统计数据，就需要具备一些统计学知识.

1.1.1 统计学研究什么

1. 什么是统计学

在你的工作或管理中，总会面对各种各样的数据. 你需要分析这些数据，从中得出某些结论以帮助你做出决策. 统计就是用来处理数据的，它是关于数据的一门学问. 统计学提供的就是一套有关数据收集、数据处理、数据分析的方法. 概括地讲，**统计学**是收集、处理、分析、解释数据并从数据中得出结论的科学. 统计分析数据所用的方法大体上可分为**描述统计**和**推断统计**两大类.

描述统计是研究数据收集、处理和描述的统计学方法. 其内容包括如何取得研究所需要的数据，如何用图表形式对数据进行处理和展示，如何通过对数据的汇总、概括与分析，得出所关心的数据的特征.

推断统计则是研究如何利用样本数据来推断总体特征的统计学方法. 内容包括参数估计和假设检验两大类. 参数估计是利用样本信息推断所关心的

1 统计英语

总体特征，假设检验则是利用样本信息判断对总体的某个假设是否成立. 比如，从一批灯泡中随机抽取少数几个灯泡作为样本，测出它们的使用寿命，然后根据样本灯泡的平均使用寿命估计这批灯泡的平均使用寿命，或者是检验这批灯泡的使用寿命是否等于某个假定值，这就是推断统计要解决的问题.

2. 统计学研究什么

问问你身边的人，GDP（国内生产总值）是什么，CPI（消费者价格指数）是什么，似乎都能说上几句，但要是仔细追问它们究竟代表了什么，就不是每个人都能够说清楚的. 统计也是一样，要问一个人统计是什么，似乎没有人不知道，但你要问统计学是什么，就不是一两句话能够说明白的，要搞清楚统计学研究什么就更困难了.

物理学研究的是热、光、电等这类自然现象的运动规律. 化学家测定物质的组成及化学元素之间的交互作用；生物学家研究植物和动物的生活；数学家则在给出的假定之下推演各种命题. 这些学科都有它们自己的研究对象，而且有解决这些问题的各自的方法，因此而成为一门单独的学科.

统计学是一门独立的学科，这似乎没人怀疑. 但统计学究竟研究什么，可能就有不同的看法. 有人认为，统计学是一门独特的学问，没有任何固定的对象. 乍听起来似乎难以理解，但仔细想想也许有道理. 统计学研究的是来自各领域的数据，靠解决其他领域的问题而存在和发展. 按萨维奇（L. J. Savage）的说法："统计学基本上是寄生的：靠研究其他领域内的工作而生存. 这不是对统计学表示轻视，这是因为对很多寄主来说，如果没有寄生虫就会死. 对有的动物来说，如果没有寄生虫就不能消化它们的食物. 因此，人类奋斗的很多领域，如果没有统计学，虽然不会死亡，但一定会变得很弱."(1) 这看上去似乎将统计边缘化了，但实际上正说明了统计在各学科领域的独特地位和作用，也表明统计作为一门独立的学科而具有的特点.

(1) C. R. 劳. 统计与真理——怎样运用偶然性. 北京：科学出版社，2004.

C. R. Rao

按统计学家拉奥（C. R. Rao）的说法："今天，统计学已发展成为一门媒介科学．它研究的对象是其他科学的逻辑和方法论——做出决策的逻辑和试验这些决策的逻辑．统计学的未来依赖于向其他学习领域内的研究者正确传授统计学的观点；依赖于如何能够在其他知识领域内将其主要问题模式化．"[1]因此，在他看来，统计学是一门科学、一种工艺和一门艺术这三者的组合．

统计学是一门科学．它提供一套方法和技术，这些方法是通用于所有学科领域的，而不是为某个特定的问题领域而构造的．统计方法和技术并不是一成不变的，使用者在给定的情况下必须根据所掌握的专门知识选择使用这些方法，而且，如果需要还要进行必要的修正．

统计学是一种工艺．如同工业生产过程中的质量控制程序一样，统计方法是在为保证产品达到所希望的质量和保持其稳定性的管理系统中建立起来的．统计方法也能用于控制、减少和考察不确定性．

统计学是一门艺术．它提供一种归纳推理的方法，推理就是一种艺术．既然是归纳推理，就不能保证结论百分之百正确，就不能没有争议．怎样让别人看懂并理解统计结论，就要看统计表达这些结论的技巧和艺术性了．

这些观点听起来有点儿"哲学"，但它能帮助我们理解统计学是什么，统计学研究什么．统计研究的是来自各领域的数据，提供的是一套通用于所有学科领域的获取数据、分析数据并从数据中得出结论的原则和方法．

1.1.2　统计的应用

1. 统计的应用领域

说出哪些领域应用统计，这很困难，因为几乎所有的领域都用统计；说出哪些领域不用统计，同样也很困难，因为几乎找不到一个不用统计的领域．可以说，统计是适用于所有学科领域的通用数据分析方法，是一种通用

(1) C. R. 劳．统计与真理——怎样运用偶然性．北京：科学出版社，2004．

的数据分析语言. 只要有数据的地方就会用到统计方法. 这里，我们不想列举统计的应用领域，只想通过几个简单的例子说明统计的应用.

〔例 1.1〕用统计识别作者.

1787—1788 年，三位作者汉密尔顿（Alexander Hamilton），杰伊（John Jay）和麦迪逊（James Madison）为了说服纽约人认可宪法，匿名发表了 85 篇论文. 这些论文中的大多数作者已经得到了识别，但是，其中的 12 篇论文的作者身份引起了争议. 通过对这些论文不同单词的频数进行统计分析，得出的结论是，麦迪逊最有可能是这 12 篇论文的作者. 现在，对于这些存在争议的论文，认为麦迪逊是原创作者的说法占主导地位，而且几乎可以肯定这种说法是正确的.

〔例 1.2〕用简单的描述统计量得到一个重要发现.

费希尔（R. A. Fisher）在 1952 年的一篇文章中举了一个例子，说明如何由基本的描述统计量的知识引出一个重要的发现. 20 世纪早期，哥本哈根卡尔堡实验室的施密特（J. Schmidt）发现不同地区捕获的同种鱼类的脊椎骨和鳃线的数量有很大不同；甚至在同一海湾内不同地点捕获的同种鱼类也有这样的倾向. 然而，鳗鱼的脊椎骨的数量变化不大. 施密特从欧洲各地、冰岛、亚速尔群岛以及尼罗河等几乎分离的海域里所捕获的鳗鱼的样本中，计算发现了几乎一样的均值和标准差值. 由此，施密特推断所有各个不同海域内的鳗鱼是由海洋中某公共场所繁殖的. 后来名为“戴纳（Dana）”的科学考察船在一次远征中发现了这个场所.

〔例 1.3〕挑战者号航天飞机失事预测.

1986 年 1 月 28 日清晨，载有 7 名宇航员的挑战者号进入发射状态. 就在发射前，有冰片牢附在机壳上. 几分钟后，正当电视新闻报道它已进入轨道时，航天飞机在毁灭性的爆炸声中化成碎片，机上的宇航员片骨未存. 推动航天飞机进入太空的两个固体燃料发动机是由 Thiokol 公司制造的. 失事前一天晚上，Thiokol 公司的经理们和美国宇航局（NASA）就如期发射还是推迟发射产生了争执. 天气预报发射时的气温为 31°F. 争执的结果是采

挑战者号

纳了 Thiokol 公司经理们的建议：按计划发射航天飞机. 因为他们觉得没有确凿证据表明低温会对固体燃料火箭推进器的性能产生影响. 在此次失事前，该航天飞机24次发射成功. 将航天飞机送入太空的两个固体燃料推进器由6只O型项圈密封，在几次飞行中，曾发生过O型项圈被腐蚀或气体 2
泄漏事故，这样的事故是极其危险的. 前24次发射中有一次发动机遭到了永久性破坏. 根据23次飞行中发生腐蚀或泄漏事故的次数（因变量 y）及火箭连接处的温度（自变量 x）数据，进行线性回归得到的回归方程为 $\hat{y}=3.698-0.04754x$. 由此得到当温度为31°F时，O型项圈发生事故的预计次数为2.225次. 结果显示连接处的温度与O型项圈事故之间有一定的相关性. 如果当时那些经理们看到了回归的预测结果，也许推迟发射会成为其谨慎的选择.

前两个是统计得以应用并取得成效的例子，后一个是统计结果未被采纳而酿成惨剧的例子. 不管怎样，它们都表明统计在许多领域有广泛应用.

2. 统计的误用与滥用

在20世纪，政治家迪斯累里（Benjamin Disraeli）有一个著名的论断："有三类谎言：谎言、糟透的谎言和统计."统计常常被人们有意或无意地滥用，比如，错误的统计定义，错误的图表展示，一个不合理的样本，数据的遗漏或逻辑错误，等等. 这些误用有些是常识性的，有些是技术性的，有些则是故意的. 作为从数据中寻找事实的统计，却被有些人变成了歪曲事实的工具. 你也许常常看到这样的产品质检报告：某产品的抽样合格率是80%. 乍看上去没什么问题，但如果事实上只抽查了5件产品，有4件合格. 这样的合格率能说明什么问题呢？在马路上随便采访几个人，他们的看法能代表大多数人的观点吗？调查结果表明……，调查了多少个人？是随机调查的吗？样本是怎样选取的？这看上去是在用事实说话，实际上成了统计陷阱.

此外，统计也往往被作为两个极端使用：一个极端是复杂问题简单化，一些不懂或不太懂统计的人认为统计没什么用，他们因为不懂统计而瞧不起

2 挑战者号
航天飞机灾难

统计，他们不用或几乎不用统计方法分析数据，即使做些统计分析，也往往是表面上的. 走入这一极端的人，他们决策的依据就是自己的大脑：一些杂乱无章的信息组合出的某种直觉. 如果他们的决策是正确的，更增加了他们的自信，更加感到不用统计也挺好；如果他们的决策出了毛病，便会找出一大堆推脱的理由：市场难测，环境突变，竞争激烈，需求疲软，价格下跌，管理不善，成本上升，出口下降……. 另一个极端是把简单问题复杂化，特别是在管理领域，一些管理者把本来可以用简单方法解决的问题故意复杂化，他们不用简单的分析方法，而是用复杂的分析方法. 他们为证明管理的科学性，建立一个别人看不懂的模型，编一大堆程序，输出了一大堆数字和符号；他们得出用统计语言陈述的结论，提出一些似是而非的建议……. 这样的分析往往是脱离了管理问题，对实际决策也未必有用. 在统计应用中，这两个极端都是不可取的. 管理决策中不用统计几乎不可想象；把简单问题复杂化对管理决策也未必有用. 从统计的实际应用来看，简单的方法不一定没用，复杂的方法也不一定有用. 统计应该被恰当地应用到它能起作用的地方. 不能把统计神秘化，更不能歪曲统计，把统计作为掩盖事实的陷阱.

曲解统计是一种常见现象. 在有些人看来，使用统计就是寻找支持：他们心目中可能有了某种“结论”性的东西，或者说他们希望看到一种符合他们需要的某种结论，而后去找些数据来支持他们的结论. 如果数据分析的结果与他们预期的结论一致，他们就会张扬自己是用科学方法得到的结论；如果与预期的不一致，他们要么篡改数据，要么对统计弃而不用. 这恰恰歪曲了数据分析的本质. 数据分析的真正目的是从数据中找出结论，从数据中寻找启发，而不是寻找支持. 真正的数据分析事先是没有结论的，通过对数据的分析才得出结论.

1.2　怎样获得统计数据

1.2.1　变量与数据

观察一个企业的销售额，你会发现这个月和上个月有所不同；观察股票市场上涨股票的家数，今天与昨天数量不一样；观察一个班学生的生活费支出，一个人和另一个人不一样；投掷一枚骰子观察其出现的点数，这次投掷的结果和下一次也不一样．这里的“企业销售额”“上涨股票的家数”“生活费支出”“投掷一枚骰子出现的点数”等就是**变量**，它们的特点是从一次观察到下一次观察可能会出现不同结果．把观察到的结果记录下来就是**数据**．

“企业销售额”“上涨股票的家数”“生活费支出”“投掷一枚骰子出现的点数”这些变量可以用数字记录其观察结果，这样的变量称为**数值变量**或定量变量．数值变量的观察结果称为**数值型数据**或定量数据．但你要观察人的性别、公司所属的行业、苹果的品种、用户对商品的评价时，得到的结果就不是数字，而是事物的属性．例如观测性别的结果是“男”或“女”，公司所属的行业表现为“建造业”“零售业”“旅游业”等；苹果的品种包括“金帅”“红玉”“红富士”等；用户对商品的评价包括“很好”“好”“一般”“差”“很差”．人的性别、公司所属的行业、苹果品种、用户对商品的评价等作为变量取的值就不是数值，而是事物的属性或事物的类别．此外，考虑人们的购买力档次可能分为 0～100、100～500、500～1000、1000 以上 4 档，作为变量的“购买力”这 4 档取值也不是普通的数值变量，称为区间值变量．取值为事物的属性或类别，以及区间值的变量称为**类别变量**．人的性别、公司所属的行业、苹果品种、用户对商品的评价、人们的购买力档次都是类别变量．类别变量也称为属性变量或定性变量或分类变量．观察类别变量所得到的数据称为**类别数据**．类别数据也称为定性数据或属性数据或分类数据．

类别变量按照取值情况通常分为 3 种：二值类别变量，顺序值类别变量和名义值类别变量. 二值类别变量只取两个值，例如变量是“性别”取值男和女. 顺序值类别变量的值间可以排序，例如变量是“对商品的评价”，它的取值：很好、好、一般、差、很差，这 5 个值之间是有序的. 区间值变量当然是有序的；顺序值变量也称为有序变量. 名义值类别变量的值不可以排序，例如变量是“商品的产家”，取值为甲、乙、丙、丁，甲、乙、丙、丁之间不存在顺序关系. 二值变量可以看成有序变量，也可以看成名义变量.

1.2.2 数据的来源

从哪里取得所需的数据呢？对大多数人来说，可以使用已有的数据. 比如，公开出版或公开报道的数据，像统计部门公开出版的各种《统计年鉴》；分布在各种报刊、图书、广播、电视传媒中的数据；其他管理部门已有的数据等. 也可以在网络上获取所需的数据，比如，各种金融产品的交易数据、官方统计网站的各种宏观经济数据等.

已有的数据不能满足需要时，可以亲自去调查. 比如，你想了解全校学生的生活费支出状况，可以从中抽出一个样本获得样本数据. 这里“全校所有学生生活费支出状况”是你所关心的**总体**，它是包含所研究的全部个体（数据）的集合. 从全校学生中抽取 200 人进行调查，这就是一个**样本**，它是从总体中抽取的一部分元素的集合. 构成样本的元素的数目称为**样本量**.

怎样获得一个样本呢？要在全校学生中抽取 200 人组成一个样本，如果全校学生中每一个学生被抽中与否完全是随机的，而且每个学生被抽中的概率是已知的，这样的抽样方法称为**概率抽样**. 概率抽样方法有简单随机抽样、分层抽样、系统抽样、整群抽样等.

简单随机抽样是从含有 N 个元素的总体中，抽取 n 个元素组成一个样本，使得总体中的每一个元素都有相同的机会（概率）被抽中. 采用简单随机抽样时，如果抽取一个个体记录下数据后，再把这个个体放回到原来的总体中参加下一次抽选，叫做**有放回抽样**；如果抽中的个体不再放回，再从所剩下的个体中抽取第二个元素，直到抽取 n 个个体为止，这样的抽样方法叫做**无放回抽样**．当总体数量很大时，无放回抽样可以视为有放回抽样．由简单随机抽样得到的样本称为**简单随机样本**．多数统计推断都是以简单随机样本为基础的．

分层抽样也称分类抽样，它是在抽样之前先将总体的元素划分为若干层(类)，然后从各个层中抽取一定数量的元素组成一个样本．比如，要研究学生的生活费支出，可先将学生按地区进行分类，然后从各类中抽取一定数量的学生组成一个样本．分层抽样的优点是可以使样本分布在各个层内，从而使样本在总体中的分布比较均匀．

系统抽样也称等距抽样，它是先将总体各元素按某种顺序排列，并按某种规则确定一个随机起点，然后，每隔一定的间隔抽取一个元素，直至抽取 n 个元素组成一个样本．比如，要从全校学生中抽取一个样本，可以找到全校学生的花名册，按花名册中的学生顺序，用随机数找到一个随机起点，然后依次抽取就得到一个样本．

整群抽样是先将总体划分成若干群，然后以群作为抽样单元从中抽取部分群组成一个样本，再对抽中的每个群中包含的所有元素进行观察．比如，可以把每一个学生宿舍看作一个群，在全校学生宿舍中抽取一定数量的宿舍，然后对抽中的宿舍中每一个学生都进行调查．整群抽样的误差相对要大一些．

1.3　统计与计算机

实际统计分析的数据量都是非常大的，而且有些统计方法的计算也是十分复杂的．可以想象，不用计算机处理数据是很难在实际中应用统计的．

在计算机时代到来前，由于计算问题使统计的应用受到极大限制，很多人也由于计算问题对统计学望而却步．然而，在计算机普及的今天，使得统计教学和学习产生了革命性的变化，统计方法的学习和应用也变得容易许多．对多数学习统计的人来说，可以拿出更多的时间去理解统计方法的思想和原理，而不必再过多地纠缠计算问题，只要把那些繁杂的计算交给计算机就可以了．

学习统计离不开计算机．多数统计方法都可由现成的软件处理．对多数人而言，只要学会用统计软件就可以做数据分析了．本节介绍几种常用的统计软件，以供读者参考．

• SAS

SAS 是统计分析系统（Statistical Analysis System）的缩写，该系统具有十分完备的数据访问、数据管理、数据分析功能．SAS 具有强大的数据分析能力，一直是业界中比较著名的应用软件．在数据处理方法和统计分析领域，被誉为国际上的标准软件和最具权威的优秀统计软件包．SAS 系统中提供的主要分析功能包括统计分析、经济计量分析、时间序列分析、决策分析、财务分析和全面质量管理工具等．SAS 系统是一个模块组合式结构的软件系统，共有三十多个功能模块．SAS 是用汇编语言编写而成的，通常使用 SAS 需要编写程序，比较适合统计专业人员使用，而对于非统计专业人员学习 SAS 比较困难．目前 SAS 软件对 Windows 和 Unix 两种平台都提供支持．

• SPSS

SPSS 原名是社会科学统计软件包（Statistical Package for the Social Science）的缩写，现已改名为统计解决方案服务软件（Statistical Product and Service Solutions），是世界著名的统计分析软件之一．SPSS 的特点是操作比较方便，统计方法比较齐全，绘制图形、表格较为方便，输出结果比较直观，适合进行社会科学研究中的数据分析处理．

SPSS 是较早引入国内并得到广泛使用的统计软件，目前已有汉化版．

它使用 Windows 的窗口方式展示各种管理和分析数据方法的功能，使用对话框展示出各种功能选择项，只要是掌握一定的 Windows 操作技能，粗通统计分析原理，就可以使用该软件进行各种数据分析．用户可以根据实际需要和计算机的功能选择模块．SPSS 的基本功能包括数据管理、统计分析、图表分析、输出管理等．SPSS 统计分析过程包括描述性统计、均值比较、一般线性模型、相关分析、回归分析、对数线性模型、聚类分析、数据降维、生存分析、时间序列分析、多重响应等几大类，每类中又分多个统计过程，比如回归分析中又分线性回归分析、曲线估计、Logistic 回归、Probit 回归、加权估计、两阶段最小二乘法、非线性回归等．SPSS 也有专门的绘图系统，可以根据数据绘制各种统计图形和统计地图．

- EViews

EViews 是 Econometrics Views 的缩写，通常称为计量经济学软件包．计量经济学研究的核心是设计模型、收集资料、估计模型、检验模型、运用模型进行预测以及求解模型．使用 EViews 软件包可以对时间序列和非时间序列的数据进行分析，建立序列（变量）间的统计关系式，并用该关系式进行预测、模拟等．虽然 EViews 是由经济学家开发的，并且大多数被用于经济学领域，但并不意味着该软件包仅限于处理经济方面的时间序列．EViews 处理非时间序列数据照样得心应手．实际上，一些大型的非时间序列（截面数据）的项目也能在 EViews 中进行处理．

- S-PLUS

S- PLUS 基于 S 语言（S 语言是由 AT&T 贝尔实验室开发的一种用来进行数据探索、统计分析、作图的解释型语言），并由 MathSoft 公司的统计科学部进一步完善．作为统计学家及一般研究人员的通用方法工具箱，S- PLUS 强调演示图形、探索性数据分析、统计方法、开发新统计工具的计算方法，以及可扩展性．S- PLUS 是一个商业软件，可以直接用来进行标准的统计分析得到所需结果，但是它的主要特点是可以交互地从各个方面发现数据中的信息，并可以很容易地实现一个新的统计方法. S-PLUS 提供了方便、灵活、交互、可视化的操作环境，在科学研究、市场营销、产品研发、质量保证、财务分析、金融证券、资料统计等各个方面都有广泛的应用.

• MINITAB

MINITAB 是 MINITAB 公司推出的大规模集成软件，具有较强的统计分析功能，它是最易学、最实用的数据处理软件之一，被称为非统计学家使用的软件；特别是自 15 版起，已有彻底汉化版，所有界面、统计学术语也全用汉字表述，更加便于我国使用者操作. MINITAB 的基本功能包括数据管理、统计分析、质量管理、图表分析等，而统计分析中包括多元分析、生存分析、试验设计等功能. 该软件有强大的提示功能，对于不熟悉统计方法的使用者，软件会一步一步地指导使用者进入合适的对话框解决实际问题.

• Excel

Excel 电子表格是 Microsoft 公司推出的 Office 系列产品之一，是一个功能强大的电子表格软件. 特点是对表格的管理和统计图制作功能强大，容易操作. Excel 虽然不是一个统计软件，但提供了一些常用的统计函数，以及数据分析工具，其中包含一些基本的统计方法，可供非专业人士做简单的数据分析.

主要术语

统计学	描述统计	推断统计
变量	类别变量	顺序变量
数值变量	类别数据	顺序数据
数值型数据	总体	样本
样本量	简单随机抽样	分层抽样
系统抽样	整群抽样	

软件应用

Excel 应用

Excel〔数据分析〕工具的安装

Excel 中的〔数据分析〕工具提供了一些常用统计方法的程序. 如果你的计算机还没有安装此项功能，需要安装后才能使用. Office2003 版本的具体安装步骤如下（不同版本在安装步骤上略有差异）：

第 1 步：在 Excel 工作表界面中点击〔工具〕下拉菜单，找到〔加载宏〕选项并单击.

第 2 步：在〔可用加载宏〕选项中选中〔分析工具库〕，然后单击〔确定〕，系统会提示你安装.

第 3 步：将 Office 安装盘插入光驱，然后单击〔确定〕即可.

用 Excel 抽取简单随机样本

（1）使用〔数据分析〕工具

如果用于抽取样本的元素是类别数据，比如学生名单，需要先将类别数据用数字代码来表示（数值型数据不用指定代码）. 然后按下列步骤操作：

第 1 步：选择〔工具〕→〔数据分析〕，在分析工具中选择〔抽样〕.

第 2 步：在〔输入区域〕中输入代码区域（数值型数据直接输入数据区域）；在〔抽样方法〕中单击〔随机〕；在〔样本数〕中输入需要抽样的样本量；在〔输出区域〕中选择抽样结果放置的区域. 单击〔确定〕，即得到一个随机样本. 3

（2）使用〔RANDBETWEEN〕函数

从总体的 N 个元素中抽取样本量为 n 的一个简单随机样本，最常用的方法就是利用随机数. 首先将总体的 N 个元素从 1 到 N 编号，然后生成 n 个从 1 到 N 之间的随机数，这 n 个随机数就是一个简单随机样本. 使用〔RANDBETWEEN〕函数生成位于两个指定数之间随机数的操作步骤如下：

第 1 步：在 Excel 表格界面中点击插入函数〔f_x〕.

第 2 步：在"函数分类"中点击〔全部〕选项，并在"函数名"中点击〔RANDBETWEEN〕函数，然后单击〔确定〕.

第 3 步：在〔Bottom〕输入指定的最小整数；在〔Top〕输入指定的最大整数；单击〔确定〕即可得到一个随机数（要得到多个随机数向下复制即可）.

思考与练习

一、思考题

■ 1.1 请举出统计应用的几个例子.

■ 1.2 请举出应用统计的几个领域.

■ 1.3 你怎样理解统计的研究内容？

■ 1.4 举例说明类别变量、顺序变量和数值变量.

■ 1.5 获得数据的概率抽样方法有哪些？

二、练习题

■ 1.1 指出下面的变量类型.

（1）年龄；

（2）性别；

（3）汽车产量；

（4）员工对企业某项改革措施的态度（赞成、中立、反对）；

（5）购买商品时的支付方式（现金、信用

3 名词解释

卡、支票）.

■ 1.2　一家研究机构从 IT 从业者中随机抽取1000 人作为样本进行调查，其中 60% 的人回答他们的月收入在 5000 元以上，50% 的人回答他们的消费支付方式是用信用卡.

（1）这一研究的总体是什么？ 样本是什么？ 样本量是多少？

（2）“月收入”是类别变量、顺序变量还是数值变量？

（3）“消费支付方式”是类别变量、顺序变量还是数值变量？

■ 1.3　一项调查表明，消费者每月在网上购物的平均花费是 200 元，他们选择在网上购物的主要原因是“价格便宜”.

（1）这一研究的总体是什么？

（2）“消费者在网上购物的原因”是类别变量、顺序变量还是数值变量？

■ 1.4　某大学的商学院为了解毕业生的就业倾向，分别在会计学专业抽取 50 人、市场营销专业抽取 30 人、工商管理专业抽取 20 人进行调查.

（1）这种抽样方式是分层抽样、系统抽样还是整群抽样？

（2）样本量是多少？

---

e 网上更多：

知识导图　　基本公式　　教学 PPT　　……

第2章

用图表展示数据

图并没有说谎，是说谎者在画图. ——Benjamin Disraeli

开篇案例：用哪些图形展示奖牌？

在 2012 年 7 月 27 日—8 月 12 日举办的第 30 届伦敦奥运会上，获得金牌总数前 6 名的国家的奖牌分布状况如下表所示：

名次	国家	金牌	银牌	铜牌	总数
1	美国	46	29	29	104
2	中国	38	27	23	88
3	英国	29	17	19	65
4	俄罗斯	24	26	32	82
5	韩国	13	8	7	28
6	德国	11	19	14	44

根据上面的数据，你认为可以选择哪些图形来展示这 6 个国家所获得的奖牌情况？你选择这些图形的理由是什么？学完本章的图表展示技术，这样的问题就会迎刃而解.

一堆数据摆在你面前时，你从何处入手开始分析呢？首先需要弄清楚你 1 要用这些数据做什么，你关心这些数据的哪些特征. 一堆杂乱的数据看不出它有什么特征，也很难用它说明问题. 当你不知道从哪里开始利用这些数据时，可以先从图表开始观察，或许会从中找到一些分析的线索. 比如，你可以对企业历年的销售额画出线图观察其走势，对企业所有员工的工资画出直方图观察其分布状况，等等. 本章将介绍如何使用图表来展示你手头上的数据.

2.1　用图表展示类别数据

类别数据包括无序类别数据和有序类别数据，它们的图表展示方法基本上相同. 通常可以用频数分布表和图形来描述，并对各类别的数据进行比例、比率等描述性分析.

2.1.1　生成频数分布表

类别数据本身就是对事物的一种分类，因此，只要先把所有的类别都列出来，然后统计出每一类别的频数，就是一张**频数分布表**. 频数分布表中落在某一特定类别的数据个数称为**频数**. 频数分布包含了很多有用的信息，通过它可以观察不同类型数据的分布状况. 比如，通过不同品牌产品销售量的分布可以了解其市场占有率；通过一所大学不同学院或专业学生人数的分布了解该大学的学生构成；通过社会中不同收入阶层的人数分布了解收入的分配状况，等等. 下面通过一个例子说明类别数据频数分布表的生成过程.

〔例 2.1〕为研究人们对不同类型软饮料的偏好情况，一家调查公司随机调查了 50 名消费者. 表 2.1 是消费者性别及其所偏好的饮料类型记录. 生成频数分布表，观察不同性别的消费者及其所偏好的饮料类型的分布状况，并进行描述性分析.

1 统计英语

2 表 2.1　消费者性别及所偏好的饮料类型

	消费者性别	饮料类型	消费者性别	饮料类型	消费者性别	饮料类型
1	女	碳酸饮料	女	茶类饮料	男	茶类饮料
2	男	茶类饮料	男	矿泉水	男	碳酸饮料
3	男	矿泉水	女	茶类饮料	女	其他饮料
4	女	矿泉水	女	碳酸饮料	男	矿泉水
5	男	碳酸饮料	女	矿泉水	女	碳酸饮料
6	男	矿泉水	男	其他饮料	男	茶类饮料
7	女	碳酸饮料	男	碳酸饮料	男	其他饮料
8	女	茶类饮料	女	果汁	女	碳酸饮料
9	男	果汁	男	矿泉水	男	茶类饮料
10	男	碳酸饮料	女	其他饮料	男	茶类饮料
11	女	矿泉水	女	碳酸饮料	女	碳酸饮料
12	女	其他饮料	女	其他饮料	男	碳酸饮料
13	男	碳酸饮料	女	果汁	女	矿泉水
14	男	茶类饮料	女	碳酸饮料	男	矿泉水
15	女	果汁	女	果汁	女	碳酸饮料
16	女	茶类饮料	女	果汁	女	其他饮料
17	女	其他饮料	男	茶类饮料		

解　这里涉及两个变量，一个是消费者性别，一个是偏好的饮料类型. 我们可以生成两张频数分布表来观察它们各自的分布状况，也可以将一个变量放在“行”的位置，另一个变量放在“列”的位置，这种由两个变量交叉分类的频数分布表称为**列联表**，也称交叉表.

表 2.2 是由 Excel 生成的列联表（交叉频数分布表）.

表 2.2　消费者性别和所偏好类型饮料的频数分布

	A	B	C	D
1	计数项：消费者性别	消费者性别		
2	饮料类型	男	女	总计
3	茶类饮料	7	4	11
4	果汁	1	5	6

2 数据 2-1

续表

	A	B	C	D
	计数项：消费者性别	消费者性别		
	饮料类型	男	女	总计
5	矿泉水	6	4	10
6	其他饮料	2	6	8
7	碳酸饮料	6	9	15
8	总计	22	28	50

由 SPSS 生成的消费者性别和饮料类型的频数分布表如表 2.3 和表 2.4 所示.

表 2.3　不同性别消费者的频数分布

消费者性别

		频率	百分比	有效百分比	累积百分比
有效	男	22	44.0	44.0	44.0
	女	28	56.0	56.0	100.0
合计		50	100.0	100.0	

表 2.4　不同类型饮料的频数分布

饮 料 类 型

		频率	百分比	有效百分比	累积百分比
有效	茶类饮料	11	22.0	22.0	22.0
	果汁	6	12.0	12.0	34.0
	矿泉水	10	20.0	20.0	54.0
	其他饮料	8	16.0	16.0	70.0
	碳酸饮料	15	30.0	30.0	100.0
合计		50	100.0	100.0	

表 2.3 和表 2.4 中的类别是按拼音字母升序排列的（也可以按降序排列）. 表中给出了频数、相应的百分比、有效百分比、累积百分比等. 由于不存在缺失值，表中的百分比和有效百分比完全相同.

表 2.5 是消费者性别和饮料类型的列联表.

表 2.5　消费者性别和饮料类型的频数分布

计数　　　　饮料类型 * 消费者性别交叉制表

		消费者性别		合计
		男	女	
饮料类型	茶类饮料	7	4	11
	果汁	1	5	6
	矿泉水	6	4	10
	其他饮料	2	6	8
	碳酸饮料	6	9	15
合计		22	28	50

对于类别数据，除用频数分布表进行描述外. 还可以使用比例、百分比、比率等统计量进行描述. **比例**也称构成比，它是一个样本（或总体）中各类别的频数与全部频数之比，通常用于反映样本（或总体）的构成或结构. 将比例乘 100 得到的数值称为**百分比**，用% 表示. **比率**是样本（或总体）中各不同类别频数之间的比值，由于比率不是部分与整体之间的对比关系，因而比值可能大于 1.

表 2.6 是 SPSS 生成的列联表（交叉表）及相应的行、列、合计百分比等（请读者自己对结果进行观察和分析）.

表 2.6　消费者性别和饮料类型的列联表及其分析

饮料类型 * 消费者性别交叉制表

			消费者性别		合计
			男	女	
饮料类型	茶类饮料	计数	7	4	11
		饮料类型中的%	63.6%	36.4%	100.0%
		消费者性别中的%	31.8%	14.3%	22.0%
		总数的%	14.0%	8.0%	22.0%
	果汁	计数	1	5	6
		饮料类型中的%	16.7%	83.3%	100.0%

续表

		消费者性别		合计
		男	女	
果汁	消费者性别中的%	4.5%	17.9%	12.0%
	总数的%	2.0%	10.0%	12.0%
矿泉水	计数	6	4	10
	饮料类型中的%	60.0%	40.0%	100.0%
	消费者性别中的%	27.3%	14.3%	20.0%
	总数的%	12.0%	8.0%	20.0%
其他饮料	计数	2	6	8
	饮料类型中的%	25.0%	75.0%	100.0%
	消费者性别中的%	9.1%	21.4%	16.0%
	总数的%	4.0%	12.0%	16.0%
碳酸饮料	计数	6	9	15
	饮料类型中的%	40.0%	60.0%	100.0%
	消费者性别中的%	27.3%	32.1%	30.0%
	总数的%	12.0%	18.0%	30.0%
合计	计数	22	28	50
	饮料类型中的%	44.0%	56.0%	100.0%
	消费者性别中的%	100.0%	100.0%	100.0%
	总数的%	44.0%	56.0%	100.0%

2.1.2　类别数据的图示

用图形观察频数分布比用频数分布表更形象和直观．一张好的统计图表，往往胜过冗长的文字表述．适用于类别数据的图形主要有条形图、饼图等．如果有两个或两个以上样本的分类相同且问题可比时，还可以绘制环形图．

1. 条形图

条形图是用宽度相同的条形来表示数据多少的图形，用于观察不同类别频数的多少或分布状况．绘制时，各类别可以放在横轴，也可以放在纵轴．图2.1(a)和图2.1(b)分别给出了例2.1中消费者性别和饮料类型分布的条形图．

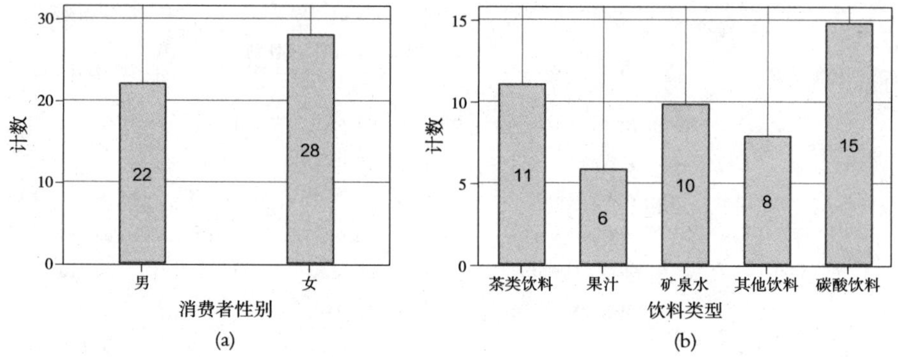

图 2. 1　消费者性别和饮料类型的条形图

图 2. 1 的两张图也可以绘制在一张图里，形成复式条形图，从而便于比较. 图 2. 2 是消费者性别和饮料类型的两种不同形式复式条形图.

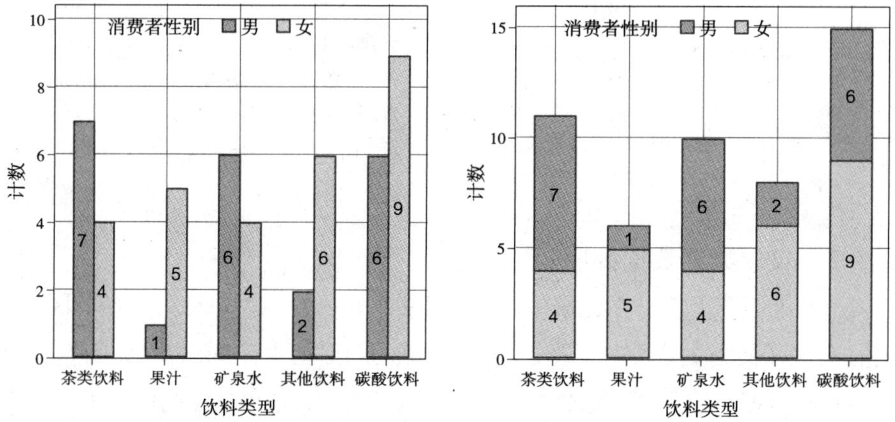

图 2. 2　消费者性别和饮料类型的复式条形图

2. 饼图和环形图

饼图是用圆形及圆内扇形的角度来表示数值大小的图形，它主要用于表示一个样本（或总体）中各类别的频数占全部频数的比例，对于研究结构性问题十分有用．例如，根据例2.1中饮料类型的数据绘制的饼图如图2.3所示．

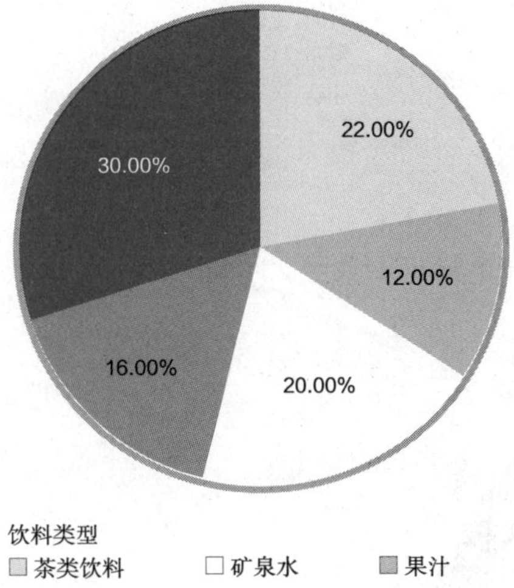

图2.3　不同类型饮料构成的饼图

饼图只能显示一个样本各类别频数所占的比例．比如，把5个地区的人口分别按高收入、中等收入和低收入划分成3部分，要比较5个地区不同收入的人口构成，则需要绘制5个饼图，这种做法既不经济也不便于比较．能否用一个图形比较出5个地区不同收入的人口构成呢？把饼图叠在一起，挖去中间的部分就可以了，这就是环形图．

环形图与饼图类似，但又有区别．环形图中间有一个“空洞”，每个样本用一个环来表示，样本中每一类别的频数比例用环中的一段表示．因此环形图可显示多个样本各类别频数所占的相应比例，从而有利于构成的比较研究．

〔例2.2〕表2.7是2011年北京、天津、上海和重庆4个直辖市的按收入法计算的地区生产总值（按当年价格计算）数据．绘制环形图比较4个直辖市的地区生产总值构成．

3 表 2.7　2011 年北京、天津、上海和重庆按收入法计算的地区生产总值（单位：亿元）

地区	劳动者报酬	生产税净额	固定资产折旧	营业盈余
北京	7992.38	2566.16	2155.80	3537.59
天津	4378.14	1771.81	1416.06	3741.27
上海	7709.62	3713.40	2298.34	5474.33
重庆	4930.41	1486.41	1068.85	2525.70

资料来源：国家统计局网站 www. stats. gov. cn.

解　根据表 2.7 的数据用 Excel 绘制的环形图如图 2.4 所示.

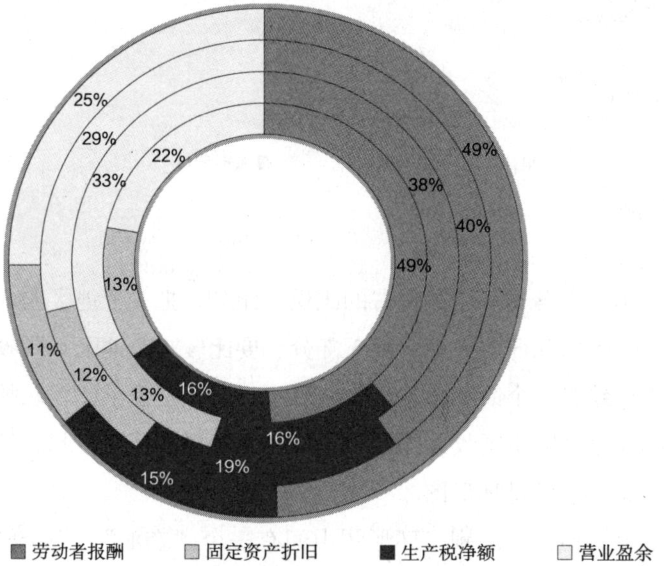

图 2.4　北京、天津、上海和重庆收入法地区生产总值构成的环形图

图 2.4 中最里边的一个环为北京的地区生产总值构成，向外依次是天津、上海和重庆.

3 数据 2-2

2.2　用图表展示定量数据

当定量数据类别化以后，上述类别数据的图示方法都可以使用. 此外，定量数据还有一些特定的图示方法，它们并不适用于类别数据.

2.2.1　生成频数分布表

生成定量数据的频数分布表时，需要先将原始数据按照某种标准分成不同的组别，然后统计出各组别的数据频数即可. 下面结合具体例子说明定量数据频数分布表的生成过程.

〔例 2.3〕表 2.8 是某百货公司 120 天的销售额数据，生成一张频数分布表观察销售额分布的特征.

表 2.8　某百货公司 120 天的销售额（单位：万元） 4

	A	B	C	D	E	F	G	H	I	J
1	239	159	187	155	172	183	182	177	163	158
2	148	198	141	167	194	225	177	189	196	203
3	187	160	214	168	173	178	184	209	176	186
4	161	152	149	211	196	234	185	189	196	209
5	150	161	178	168	174	153	186	190	160	176
6	228	162	223	170	165	179	186	175	197	208
7	156	163	218	180	175	144	178	191	198	196
8	166	196	179	171	233	179	187	173	174	210
9	154	164	215	233	175	188	237	194	198	168
10	174	226	180	172	190	172	187	189	200	215
11	156	165	175	210	207	181	205	199	207	178
12	203	165	196	172	176	182	188	195	208	215

解　制作频数分布表时，首先要对数据进行分组. 一组数据分多少组合适呢？一般与数据本身的特点及数据的多少有关. 由于分组的主要目的是观

4 数据 2-3

察数据分布的特征，因此组数的多少应以能够适当观察数据的分布特征为准. 一般情况下，一组数据所分的组数 K 应不少于 5 组且不多于 15 组，即 $5 \leqslant K \leqslant 15$. 本例中由于数据较多，可考虑分为 10 组.

其次，确定各组的组距. 组距可根据全部数据的最大值和最小值及所分的组数来确定，即组距 =（最大值 − 最小值）÷ 组数. 例如，对于本例数据，最大值为 239，最小值为 141，则组距 =(239 − 141) ÷ 10 = 9.8. 为便于计算，组距宜取 5 或 10 的倍数，而且第一组的下限应低于最小值，最后一组的上限应高于最大值，因此组距可取 10. 这样，本例数据所分的组为 140～150，150～160，…，230～240. 如果一组数据中出现远离其他值的最小值或最大值，为避免分组时遗漏，第一组和最后一组可采用开口组，如 150 以下，230 以上.

最后，统计出各组的频数即为频数分布表. 在统计各组频数时，恰好等于某一组上限的变量值不算在本组内，而是计算在下一组，即一个组的变量值 x 满足 $a \leqslant x < b$.

表 2.9 是用 Excel 生成的频数分布表.

表 2.9　某百货公司销售额的频数分布

	A	B	C
1	按销售额分组/万元	频数/天	频率/%
2	140～150	4	3.33
3	150～160	9	7.50
4	160～170	16	13.33
5	170～180	27	22.50
6	180～190	20	16.67
7	190～200	17	14.17
8	200～210	10	8.33
9	210～220	8	6.67
10	220～230	4	3.33
11	230～240	5	4.17
12	合计	120	100

2. 2. 2　定量数据的图示

展示定量数据的图形有多种. 观察数据分布的图形主要有直方图、茎叶图、箱线图等；观察各变量之间关系的图形主要是散点图；比较多个样本在多个变量上的相似性的图形有雷达图、轮廓图等.

1. 展示数据的分布：直方图、茎叶图和箱线图

展示数据分布的图形主要有直方图、茎叶图和箱线图等，用这些图形可以观察数据的分布形状是否对称，是否存在离群点，等等.

直方图是用于展示定量数据分布的一种常用图形，它是用矩形的宽度和高度（即面积）来表示频数分布. 通过直方图可以观察数据分布的大体形状，如分布是否对称. 根据表 2.9 中的分组数据绘制的直方图(1) 如图 2.5 所示.

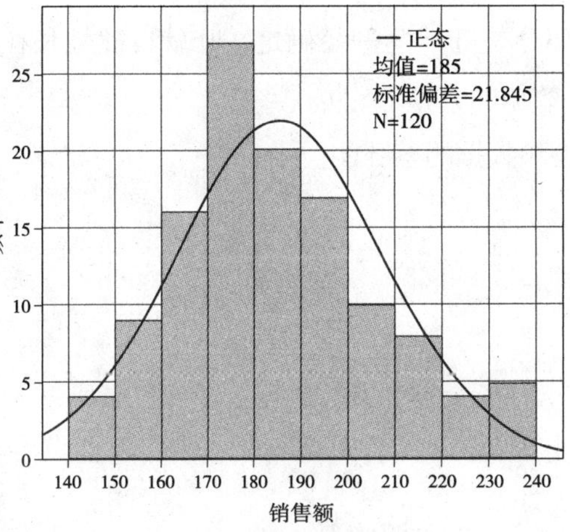

图 2. 5　某百货公司销售额分布的直方图

(1) 在用 SPSS 绘制直方图时，可以不对数据分组，直接根据原始数据绘图即可，然后可根据需要调整组数的多少和组距的宽度.

从图 2.5 可以直观地看出，销售额的分布基本上是对称的，右边的尾部比左边的尾部稍长一些. 从拟合的正态分布曲线来看，销售额接近正态分布.

注意：直方图与条形图不同. 首先，条形图中的每一矩形表示一个类别，其宽度没有意义，而直方图的宽度则表示各组的组距. 其次，由于分组数据具有连续性，直方图的各矩形通常是连续排列，而条形图则是分开排列. 最后，条形图主要用于展示类别数据，而直方图则主要用于展示定量数据.

直方图看数据的分布很方便，但原始数据看不到了. 茎叶图则不同，它不仅可以看出数据的分布，又能保留原始数据的信息. 制作茎叶图不需要对数据进行分组，特别是当数据量较少时，用茎叶图更容易观察数据的分布. 茎叶图由“茎”和“叶”两部分构成，绘制时，首先把一个数字分成两部分，通常是以该组数据的高位数值作为树茎，而且叶上只保留该数值的最后一个数字. 例如，125 分成 12 | 5，12 分成 1 | 2，1.25 分成 12 | 5（单位：0.01），等等，前部分是茎，后部分是叶. 茎一经确定，叶就自然地长在相应的茎上了，叶子的长短代表了数据的分布.

图 2.6 是用 SPSS 绘制的销售额数据的茎叶图.

```
销售额 Stem-and-Leaf Plot

 Frequency    Stem &  Leaf

     2.00       14 .  14
     2.00       14 .  89
     4.00       15 .  0234
     5.00       15 .  56689
     8.00       16 .  00112334
     8.00       16 .  55567888
    11.00       17 .  01222233444
    16.00       17 .  5555666778888999
     7.00       18 .  0012234
    13.00       18 .  5666777788999
     5.00       19 .  00144
    12.00       19 .  566666678889
     3.00       20 .  033
     7.00       20 .  5778899
     4.00       21 .  0014
     4.00       21 .  5558
     1.00       22 .  3
     3.00       22 .  568
     3.00       23 .  334
     2.00       23 .  79

 Stem width:       10
 Each leaf:      1 case(s)
```

图 2.6　某百货公司销售额分布的茎叶图

图2.6中的第一列给出每个茎上叶子的频数，第二列是"茎"，第三列是"叶". 下面标出了茎的宽度10，每个叶代表一个数据. SPSS自动将每个茎重复了一次，使分布的细节看得更清楚一些. 当然，在数据较少时茎的数值也可以不重复.

箱线图是由一组数据的最大值、最小值、中位数、两个四分位数[(1)]这5个值绘制而成的. 它不仅可用于反映一组数据分布的特征，比如，分布是否对称，是否存在离群值等，还可以进行多组数据分布特征的比较，这也是箱线图的最大优点之一. 绘制箱线图时，先找出一组数据的最大值、最小值、中位数和两个四分位数，然后用两个四分位数画出箱子，再将最大值和最小值与箱子用线段相连接，中位数在箱子里面. 箱线图可以竖放，也可以横放. 箱线图的一般形式如图2.7所示.

图2.7　箱线图的示意图

通过箱线图的形状可以看出数据分布的特征. 图2.8是几种不同的箱线图与其所对应的分布形状的比较.

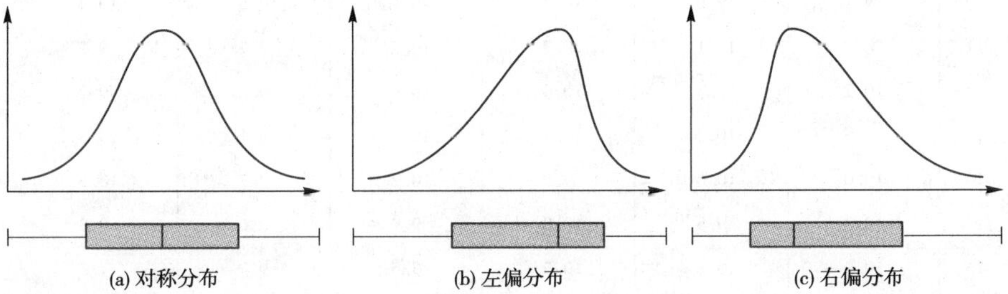

图2.8　不同分布的箱线图

(1) 中位数是一组数据排序后处于中间位置上的数值；四分位数是一组数据排序后处于25%位置和75%位置上的两个数值. 这些统计量将在第3章详细介绍.

〔例 2.4〕在奥运会男子 25 m 手枪速射比赛中，先根据预赛成绩确定出进入决赛的运动员．在决赛中，每名运动员再进行 20 枪的射击，然后将预赛成绩和决赛成绩加总得出最后的排名．在 2008 年 8 月举行的第 29 届北京奥运会男子 25 m 手枪速射决赛中，进入决赛的前 6 名运动员最后 20 枪的决赛成绩如表 2.10 所示．绘制箱线图分析各运动员射击成绩的分布．

5 表 2.10　第 29 届北京奥运会男子 25 m 手枪速射比赛成绩（单位：环）

	亚历山大·彼得里夫利（乌克兰）第 1 名	拉尔夫·许曼（德国）第 2 名	克里斯蒂安·赖茨（德国）第 3 名	列昂尼德·叶基莫夫（俄罗斯）第 4 名	基思·桑德森（美国）第 5 名	罗曼·邦达鲁克（乌克兰）第 6 名
1	10.1	8.4	9.9	8.8	9.7	9.8
2	10.3	10.7	10.3	8.9	9.0	9.8
3	10.4	10.5	10.7	9.4	10.5	10.5
4	10.1	9.3	10.1	10.0	9.9	9.9
5	9.9	10.3	9.8	9.5	9.5	9.4
6	10.8	9.6	9.0	9.7	9.0	10.3
7	10.3	10.2	10.0	10.0	9.2	8.3
8	9.6	10.3	9.5	10.4	10.0	10.2
9	10.4	9.8	10.3	10.1	9.3	10.4
10	9.1	9.6	10.3	10.7	10.5	10.4
11	8.4	10.1	10.7	10.7	9.9	9.2
12	10.2	10.3	10.6	10.0	10.2	9.2
13	9.6	10.3	10.4	10.3	8.1	10.3
14	10.0	10.0	9.9	10.2	9.7	10.5
15	10.2	9.5	10.8	9.8	9.6	9.8
16	10.0	10.8	10.5	9.6	9.7	7.2
17	10.5	9.7	7.9	9.1	9.9	9.0
18	9.8	10.9	9.9	9.8	10.1	10.0
19	10.3	10.0	9.0	10.2	9.9	10.9
20	10.2	10.2	10.7	10.0	9.9	9.6

5 数据 2-4

解　绘制各运动员射击成绩的箱线图时，先要计算出每名运动员射击成绩的最大值、最小值、中位数和两个四分位数，然后绘制出图形．这一过程比较烦琐，实际应用时可直接使用统计软件来完成．

由 SPSS 绘制的 6 名运动员射击成绩的箱线图如图 2.9 所示．

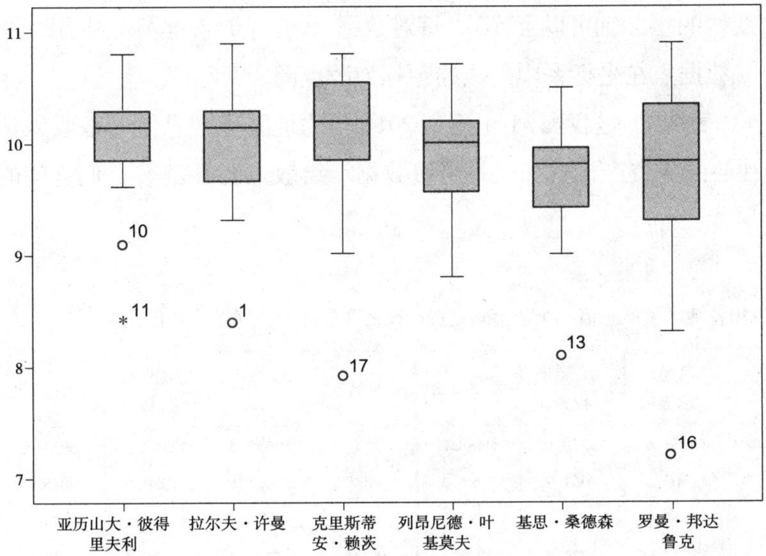

图 2.9　6 名运动员射击成绩的箱线图

由图 2.9 可以看出，在 6 名运动员中，平均成绩最高的是克里斯蒂安·赖茨（中位数为 10.20），最低的是基思·桑德森（中位数为 9.80）；从射击成绩的分布来看，亚历山大·彼得里夫利的成绩比较集中（箱子较短），而罗曼·邦达鲁克的成绩最为分散（箱子较长）；从分布形状来看，射击成绩分布多数为左偏分布．这是因为射击成绩的上限为 10 环，下线为 0 环，运动员的射击可能出现低值，而不可能高于 10 环，因此不会以 10 环为中心分布，通常是左偏分布．图中用“○”标出的点是运动员射击成绩的离群点，用“ * ”表示是射击成绩的极端值[1]. 数字表示是在第几次射击中出现的这个成绩.

2. 展示变量间的关系：散点图

展示变量间关系的图形主要是散点图，它是用二维坐标中两个变量各取值点的分布展示两个变量之间的关系. 设坐标横轴代表变量 x，纵轴代表变量 y（两个变量的坐标轴可以互换），每对数据（x_i，y_i）在坐标系中用一个点表示，n 对数据点在坐标系中形成的图称为散点图.

〔例 2.5〕表 2.11 是我国 31 个省市 2011 年的地区生产总值（按收入法计算）、全社会固定资产投资和最终消费数据. 绘散点图并观察它们之间的关系.

6 表 2.11　2011 年各地区生产总值、全社会固定资产投资和最终消费（单位：亿元）

	地区	地区生产总值	固定资产投资	最终消费	地区	地区生产总值	固定资产投资	最终消费
1	北京	16251.9	5578.9	9488.2	湖北	19632.3	12557.3	8931.5
2	天津	11307.3	7067.7	4286.3	湖南	19669.6	11880.9	9088.7
3	河北	24515.8	16389.3	9633.8	广东	53210.3	17069.2	26074.8
4	山西	11237.6	7073.1	4868.1	广西	11720.9	7990.7	5601.6
5	内蒙古	14359.9	10365.2	5526.6	海南	2522.7	1657.2	1180.0
6	辽宁	22226.7	17726.3	8867.2	重庆	10011.4	7473.4	4641.6
7	吉林	10568.8	7441.7	4423.7	四川	21026.7	14222.2	10424.4
8	黑龙江	12582.0	7475.4	6586.7	贵州	5701.8	4235.9	3438.7
9	上海	19195.7	4962.1	10821.2	云南	8893.1	6191.0	5273.6
10	江苏	49110.3	26692.6	20649.3	西藏	605.8	516.3	373.4
11	浙江	32318.9	14185.3	15042.0	陕西	12512.3	9431.1	5573.3
12	安徽	15300.7	12455.7	7604.3	甘肃	5020.4	3965.8	2967.0

(1) 在 SPSS 绘制的箱线图中，如果一个数据与 25% 四分位数或与 75% 四分位数的距离超过四分位差（75% 四分位数与 25% 四分位数之差）1.5 倍的数值定义为离群值，在图中用“○”表示；把超过四分位差 3 倍距离的数值定义为极端值（extremes），用“ * ”表示.

6 数据 2-5

续表

	地区	地区生产总值	固定资产投资	最终消费	地区	地区生产总值	固定资产投资	最终消费
13	福建	17560.2	9910.9	7300.5	青海	1670.4	1435.6	859.8
14	江西	11702.8	9087.6	5593.9	宁夏	2102.2	1644.7	1020.2
15	山东	45361.9	26749.7	18095.4	新疆	6610.1	4632.1	3518.8
16	河南	26931.0	17769.0	11783.1				

资料来源：国家统计局网站 www.stats.gov.cn.

解　如果想观察 3 个变量两两之间的关系，可以分别绘制散点图或绘制一个散点图矩阵. 图 2.10 是根据地区生产总值和全社会固定资产投资绘制的散点图.

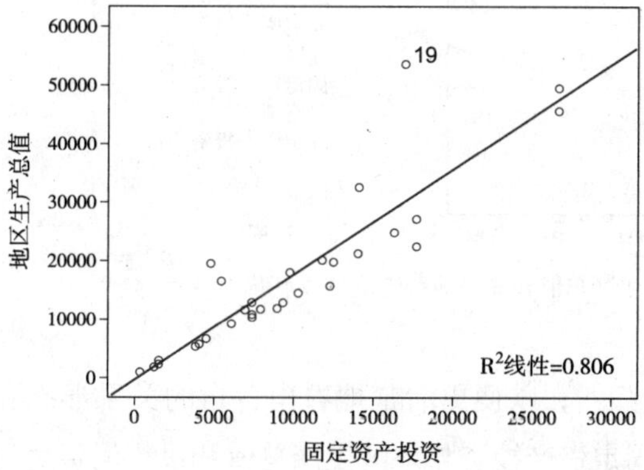

图 2.10　地区生产总值与全社会固定资产投资的散点图

从图 2.10 可以看出，地区生产总值与固定资产投资之间具有明显的线性关系，随着固定资产投资的增加，地区生产总值也随之增加. 这说明固定资产投资对地区生产总值有明显的拉动作用. 图 2.10 中最上面标号为 19 的一个点是第 19 号观测样本（广东）的数据点，可以看出，广东的固定资产投资并不多，但地区生产总值却是最高的. 这说明广东的地区生产总值主要不是靠投资来拉动.

如果想同时比较一个变量与其他几个变量之间的关系，也可以把它们的散点图绘制在同一张图里，绘制成**重叠散点图**. 注意：绘制重叠散点图时，变量值之间的数值差异不能过大，否则不便于比较. 比如，如果想比较固定资产投资与地区生产总值和最终消费的关系，可以把固定资产投资作为一个共同的坐标轴，地区生产总值和最终消费作为另一个坐标轴. 用 SPSS 绘制的重叠散点图如图 2. 11 所示.

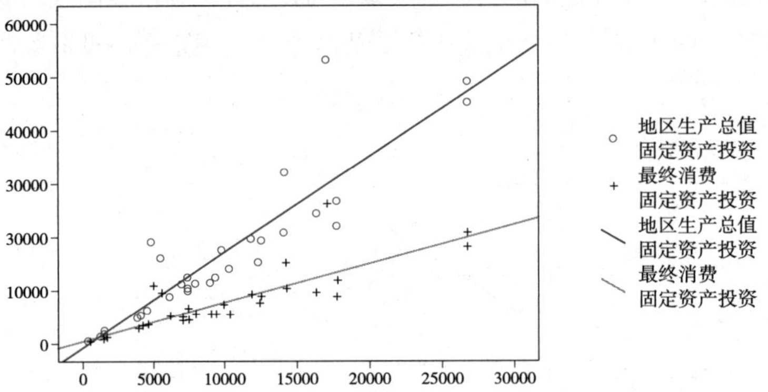

图 2. 11　全社会固定资产投资与地区生产总值和最终消费的重叠散点图

图 2. 11 中增加了各自的回归线，以便更清楚地看出各自的关系形态和它们的比较关系. 可以看出，固定资产投资与地区生产总值和最终消费之间都有较强的线性关系. 由于两条直线的斜率不同，说明固定资产投资对地区生产总值的拉动作用明显大于对消费的拉动作用.

如果要同时比较多个变量两两之间的关系，可以绘制**矩阵散点图**. 矩阵散点图通常简称为矩阵图. 从图 2. 12 可以看出地区生产总值、固定资产投资、最终消费两两之间都有较强的线性相关关系.

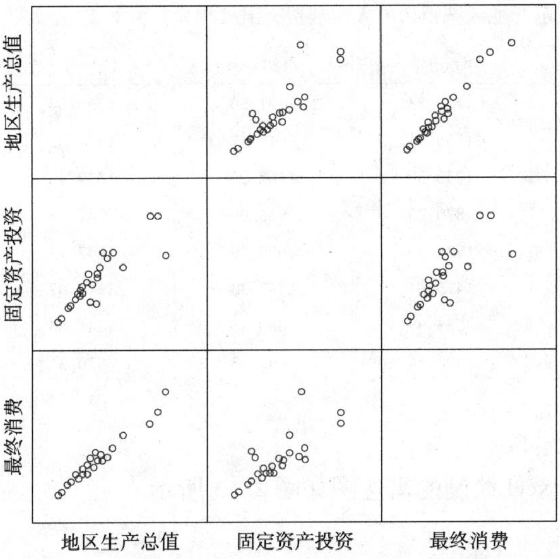

图 2.12　地区生产总值、全社会固定资产投资和最终消费的矩阵散点图

3. 比较多个样本的相似性：雷达图和轮廓图

假定一个集团公司在 3 个地区有销售分公司，每个公司都有销售人员数、销售额、销售利润、所在地区的人口数、当地的人均收入等数据. 如果你想知道 3 家分公司在上述几个变量上的差异或相似程度，该用什么图形进行展示呢？这里涉及 3 个样本的 5 个变量，显然无法用二维坐标进行图示了. 利用雷达图和轮廓图则可以做到这一点.

雷达图是从一个点出发，用每一条射线代表一个变量，多个变量的数据点连接成线，即围成一个区域，多个样本围成多个区域，就是雷达图，利用它也可以研究多个样本之间的相似程度.

〔例 2.6〕2011 年我国东部、中部、西部及东北地区城镇居民人均消费支出数据如表 2.12 所示. 绘制雷达图，比较不同地区的消费支出构成.

表 2. 12　2011 年我国东、中、西部及东北地区城镇居民人均消费支出（单位：元）

7

支出项目	东部地区	中部地区	西部地区	东北地区
食品	6329. 16	4710. 73	5121. 50	4730. 34
衣着	1754. 98	1535. 81	1618. 17	1778. 85
居住	1635. 17	1235. 30	1162. 23	1339. 45
家庭设备及用品	1205. 20	870. 73	916. 00	841. 70
交通和通信	2838. 34	1534. 34	1699. 59	1642. 75
文教娱乐	2360. 19	1475. 51	1447. 33	1443. 02
医疗保健	1033. 13	855. 99	880. 45	1144. 63
其他	713. 88	428. 56	490. 65	570. 51

资料来源：国家统计局网站 www. stats. gov. cn.

根据表 2. 12 中的数据由 Excel 绘制的雷达图如图 2. 13 所示.

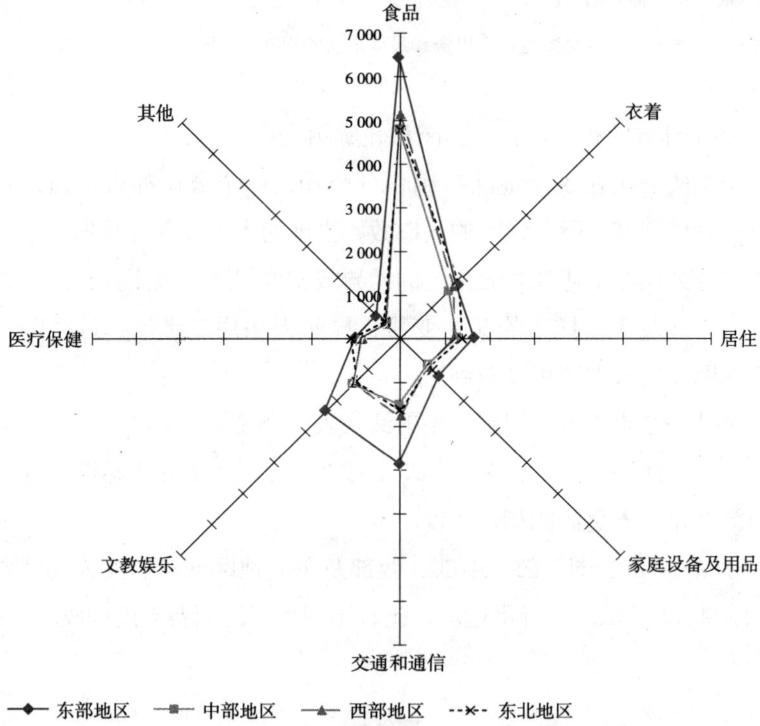

图 2. 13　东、中、西部及东北地区城镇居民人均消费支出的雷达图

7 数据 2-6

从图 2. 13 中可以得到以下几点结论：四个地区城镇居民的消费支出中，食品支出都是最多的，其他支出则是最少的；东部地区城镇居民的各项支出额普遍高于其他三个地区，而中部、西部和东北地区的各项支出则相差不大；四个地区各项支出额的结构具有很大的相似性.

轮廓图也称为平行坐标图或多线图，它是用横轴表示各样本（或变量），纵轴表示每个样本的多个变量（或样本）的取值，将同一样本的不同变量的取值用折线连接，即为轮廓图. 例如，根据表 2. 12 中的数据，将各项支出作为横轴的轮廓图如图 2. 14 所示（轮廓图可用 Excel 绘制，也可以用 SPSS 绘制）.

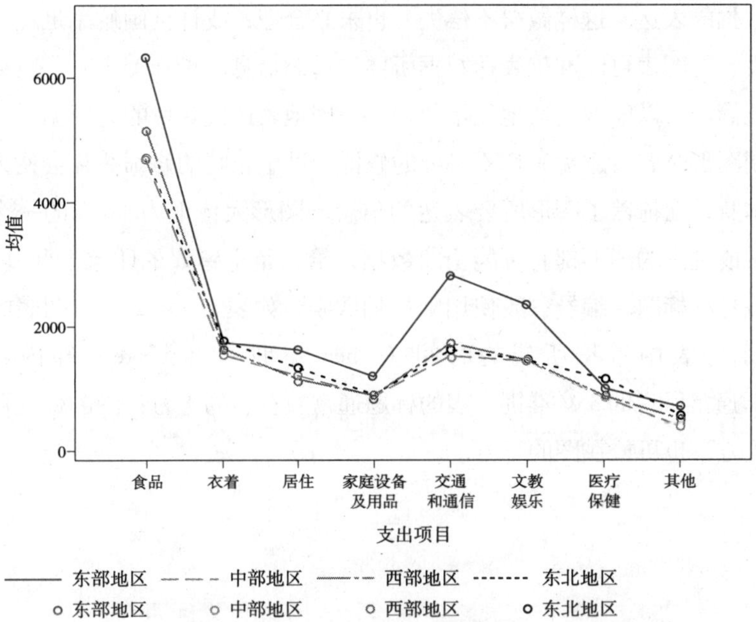

图 2. 14　东、中、西部及东北地区城镇居民人均消费支出的轮廓图

图 2. 14 表示出的特征与雷达图基本上是一致. 从图 2. 14 可以看出各项支出在不同地区上的差异和相似性.

2.3 合理使用图表

统计图表是展示数据的有效方式. 在日常生活中, 阅读报刊杂志, 或者在看电视、查阅计算机网络时都能看到大量的统计图表. 统计表把杂乱的数据有条理地组织在一张简明的表格内, 统计图把数据形象地展示出来. 显然, 看统计图表要比看那些枯燥的数字更有趣, 也更容易理解. 合理使用统计图表是做好统计分析的最基本技能.

使用图表的目的是让别人更容易看懂和理解数据. 一张精心设计的图表可以有效地把数据呈现出来. 使用计算机可以很容易地绘制出漂亮的图表, 但需要注意的是, 初学者往往会在图形的修饰上花费太多的时间和精力, 而不注意对数据的表达. 这样做得不偿失, 也未必合理, 或许会画蛇添足.

精心设计的图表可以准确表达数据所要传递的信息. 设计图表时, 应绘制得尽可能简洁, 以能够清晰地显示数据, 合理地表达统计目的为依据.

在绘制图形时, 应避免一切不必要的修饰. 过于花哨的修饰往往会使人注重图形本身, 而掩盖了图形所要表达的信息. 图形大体上为 4 : 3 的一个矩形, 过长或过高的图形都有可能歪曲数据, 给人留下错误的印象. 此外, 图表应有编号和标题. 编号一般使用阿拉伯数字, 如表 1、表 2 等. 图表的标题应明示出表中数据所属的时间 (when)、地点 (where) 和内容 (what), 即通常所说的 3W 准则. 表的标题通常放在表的上方; 图的标题可放在图的上方, 也可放在图的下方.

主要术语

频数　　频数分布　　比例　　比率

软件应用

1. SPSS 应用

生成频数分布表

第 1 步：选择〔分析〕→〔描述统计－频率〕.

第 2 步：将“分类变量”选入〔变量〕；点击〔确定〕.

(注：若需要描述统计量或图形，点击〔统计量〕或〔图表〕，并选择相应的选项，然后点击〔确定〕.）

生成交叉频数分布表（列联表）

第 1 步：选择〔分析〕→〔描述统计－交叉表〕.

第 2 步：将一个分类变量选入〔行〕，将另一个分类变量选入〔列〕（行列可以互换）.

(注：若需要对列联表进行描述性分析，点击〔单元格〕，在〔百分比〕下选中需要的统计量，如〔行〕、〔列〕、〔总计〕等. 点击〔确定〕. ）

制作茎叶图

第 1 步：选择〔分析〕→〔描述统计－探索〕.

第 2 步：将变量选入〔因变量列表〕；点击〔绘制〕，在对话框中选择〔茎叶图〕（根据需要可选〔直方图〕）；点击〔继续〕回到主对话框. 点击〔确定〕（上述操作也可给出单批数据的箱线图）.

绘制多批数据箱线图

第 1 步：选择〔图形〕→〔箱图〕.

第 2 步：在出现的对话框中选择〔简单〕，在〔图表中的数据为〕中选择〔各个变量的摘要〕，点击〔定义〕，在主对话框中将所 8
有变量选入〔框的表征〕. 点击〔确定〕.

绘制散点图

第 1 步：选择〔图形〕→〔散点/点状〕.

第 2 步：如果绘制两个变量的简单散点图，点击〔简单分布〕，点击〔定义〕，将两个变量分别选入〔Y 轴〕和〔X 轴〕，点击〔确定〕.

(注：如果要绘制重叠散点图，点击〔重叠分布 r〕，点击〔定义〕，将所要配对的变量依次选入〔Y－X 对〕，点击〔确定〕. 如果要绘制矩阵散点图，点击〔矩阵分布〕，将几个变量同时选入〔矩阵变量〕，点击〔确定〕. ）

2. Excel 应用

生成类别数据的频数分布表

第 1 步：选择〔数据〕→〔数据透视表和数据透视图〕.

第 2 步：确定数据源区域（在操作前将光标放在任意数据单元格内，系统会自动选定数据源区域）.

第 3 步：在透视表布局中，依次将“一个分类变量”拖至“行”（或列）区域，将“另一个分类变量”拖至“列”（或行）区域，再将要计数的变量拖至“数据”区域.

生成定量数据的频数分布表

用 Excel 制作定量数据的频数分布表使用〔数据分析〕工具中的〔直方图〕命令可生成定量数据的频数分布表. 但需要注意的是，Excel 在作频数分布表时，每一组的频数包括一个组的上限值，即 $a<x\leq b$. 因此，需要输入一列比上限值小的数作为〔接收区域〕），然后按下列步骤操作.

第 1 步：选择〔数据分析〕，在分析工具中选择〔直方图〕，单击〔确定〕.

第 2 步：在〔输入区域〕方框内输入原始数据所在的区域；在〔接收区域〕方框内输入上限值所在的区域；在〔输出区域〕方框内

8 名词解释

输入结果输出的位置；选择〔图表输出〕.单击〔确定〕.

10

思考与练习

一、思考题

■ 2.1　类别数据和数值型数据的图示方法各有哪些？

■ 2.2　直方图与条形图有何区别？

■ 2.3　饼图和环形图有什么不同？

■ 2.4　茎叶图与直方图相比有什么优点？它们的应用场合是什么？

■ 2.5　雷达图和轮廓图有什么用途？

二、练习题

■ 2.1　为评价家电行业售后服务的质量，随机抽取由 100 个家庭构成的一个样本. 服务质量的等级分别表示为：A. 好；B. 较好；C. 一般；D. 较差；E. 差. 调查结果如下：

9

	B	E	C	C	A	D	C	B	A	E
11	D	A	C	B	C	D	E	C	E	E
	A	D	B	C	C	A	E	D	C	B
	B	A	C	D	E	A	B	D	D	C
	C	B	C	E	D	B	C	C	B	C
	D	A	C	B	C	D	E	C	E	B
	B	E	C	C	A	D	C	B	A	E
	B	A	C	D	E	A	B	D	D	C
	A	D	B	C	C	A	E	D	C	B
	C	B	C	E	D	B	C	C	B	C

（1）制作一张频数分布表；

（2）绘制条形图，反映评价等级的分布；

（3）绘制饼图，反映评价等级的构成.

■ 2.2　为确定灯泡的使用寿命（单位：h），在一批灯泡中随机抽取 100 只进行测试，所得数据如下：

700	716	728	719	685	709	691	684	705	718
706	715	712	722	691	708	690	692	707	701
708	729	694	681	695	685	706	661	735	665
668	710	693	697	674	658	698	666	696	698
706	692	691	747	699	682	698	700	710	722
694	690	736	689	696	651	673	749	708	727
688	689	683	685	702	741	698	713	676	702
701	671	718	707	683	717	733	712	683	692
693	697	664	681	721	720	677	679	695	691
713	699	725	726	704	729	703	696	717	688

（1）以组距为 10 进行分组，生成频数分布表；

（2）根据分组数据绘制直方图，说明数据分布的特点；

（3）制作茎叶图，并与直方图作比较.

■ 2.3　甲、乙两个班各有 40 名学生，期末统计学考试成绩的分布如下：

考试成绩	人数	
	甲班	乙班
优	3	6
良	6	15
中	18	9
及格	9	8
不及格	4	2

（1）根据上面的数据，画出两个班考试成绩的环形图，比较它们的构成；

（2）画出雷达图，比较两个班考试成绩的分布是否相似.

■ 2.4　下面是我国东部地区 10 个省市 2002—2011 年的地区生产总值数据（单位：亿元）：

9 数据 2-7　10 数据 2-8　11 数据 2-9

12

	北京	天津	河北	上海	江苏	浙江	福建	山东	广东	海南
2002	4315	2151	6018	5741	10607	8004	4468	10276	13502	643
2003	5007	2578	6921	6694	12443	9705	4984	12078	15845	714
2004	6033	3111	8478	8073	15004	11649	5763	15022	18865	820
2005	6970	3906	10012	9248	18599	13418	6555	18367	22557	919
2006	8118	4463	11468	10572	21742	15718	7584	21900	26588	1066
2007	9847	5253	13607	12494	26018	18754	9249	25777	31777	1254
2008	11115	6719	16012	14070	30982	21463	10823	30933	36797	1503
2009	12153	7522	17235	15046	34457	22990	12237	33897	39483	1654
2010	14114	9224	20394	17166	41425	27722	14737	39170	46013	2065
2011	16252	11307	24516	19196	49110	32319	17560	45362	53210	2523

资料来源：国家统计局网站 www. stats. gov. cn.

绘制箱线图，比较各地区生产总值分布的特征.

网上更多：

知识导图　　基本公式　　教学 PPT　　……

12 数据 2-10

第3章

用统计量描述数据

一些人使用统计就像喝醉酒的人使用街灯柱——支撑的功能多于照明.

——Andrew Lang

开篇案例：哪名运动员的发挥更稳定？

在奥运会女子 10 m 气手枪比赛中，每个运动员首先进行每组 10 枪共 4 组的预赛，然后根据预赛总成绩确定进入决赛的 8 名运动员. 决赛时 8 名运动员再进行 10 枪射击，再将预赛成绩加上决赛成绩确定最后的名次. 在 2008 年 8 月 10 日举行的第 29 届北京奥运会女子 10 m 气手枪决赛中，进入决赛的 8 名运动员的预赛成绩和最后 10 枪的决赛成绩如下表：

姓名	国家	预赛成绩	决赛 10 枪成绩（环）									
纳塔利娅·帕杰林娜	俄罗斯	391	10.0	8.5	10.0	10.2	10.6	10.5	9.8	9.7	9.5	9.3
郭文珺	中国	390	10.0	10.5	10.4	10.4	10.1	10.3	9.4	10.7	10.8	9.7
卓格巴德拉赫·蒙赫珠勒	蒙古	387	9.3	10.0	8.7	8.3	9.2	9.5	8.5	10.7	9.2	9.2
妮诺·萨卢克瓦泽	格鲁吉亚	386	9.8	10.3	10.0	9.5	10.2	10.7	10.4	10.6	9.1	10.8
维多利亚·柴卡	白俄罗斯	384	9.3	9.4	10.4	10.1	10.2	10.5	9.2	10.5	9.8	8.6
莱万多夫斯卡·萨贡	波兰	384	8.1	10.3	9.2	9.9	9.8	10.4	9.9	9.4	10.7	9.6
亚斯娜·舍卡里奇	塞尔维亚	384	10.2	9.6	9.9	9.9	9.3	9.1	9.7	10.0	9.3	9.9
米拉·内万苏	芬兰	384	8.7	9.3	9.2	10.3	9.8	10.0	9.7	9.9	9.9	9.7

最后的比赛结果是，中国运动员郭文珺凭借决赛的稳定发挥，以总成绩 492.3 环夺得金牌，预赛排在第 1 名的俄罗斯运动员纳塔利娅·帕杰林娜以总成绩 489.1 环获得银牌，预赛排在第 4 名的格鲁吉亚运动员妮诺·萨卢克瓦泽以总成绩 487.4 环的成绩获得铜牌，而预赛排在第 3 名的蒙古运动员卓格巴德拉赫·蒙赫珠勒仅以 479.6 环的成绩名列第 8 名.

由此可见，在射击比赛中，运动员能否取得好的成绩，发挥的稳定性至关重要. 那么，怎样评价一名运动员的发挥是否稳定呢？通过本章内容的学习就能很容易回答这样的问题.

利用图表可以对数据分布的形状和特征有一个大致的了解．但要更详细 1
分析数据的特征，还需要用相应的统计量进行描述．数据分布的特征可以从三个方面进行描述：一是数据的位置，反映全部数据的数值大小；二是数据间的离散程度，也称为变异，反映各数据间的差异；三是分布的形状，反映数据分布的偏态和峰态．本章主要介绍描述样本的统计量的计算方法、特点及其应用场合．

3.1　位置的描述

数据的位置是指其取值的大小．描述数据位置的样本统计量主要有平均数、中位数和分位数以及众数等．

3.1.1　平均数 2

平均数也称均值，它是一组数据相加后除以数据的个数得到的结果．平均数是度量数据水平的常用统计量，在参数估计及假设检验中经常用到．

设一组样本数据为 x_1，x_2，…，x_n，样本量（样本数据的个数）为 n，则样本平均数用 $\bar{x}$（读作 x-bar）表示，计算公式为(1)

$$\bar{x}=\frac{x_1+x_2+\cdots+x_n}{n}=\frac{\sum_{i=1}^{n}x_i}{n}. \tag{3.1}$$

式（3.1）也称为简单平均数．

〔例 3.1〕在一个班级中随机抽取 9 名学生，得到每名学生的英语考试

(1) 如果有总体的全部数据 x_1，$x_2\cdots$，x_N，总体平均数用 μ 表示，其计算公式为

$$\mu=\frac{x_1+x_2+\cdots+x_N}{N}=\frac{\sum_{i=1}^{N}x_i}{N}.$$

1 统计英语　2 AVERAGE

分数如下：

3 91　69　75　78　81　96　92　88　86

计算 9 名学生的平均考试分数.

解　根据式（3.1）有

$$\bar{x}=\frac{91+69+\cdots+88+86}{9}=84\ (\text{分}).$$

如果原始数据被分成 k 组，各组的组中值（一个组的中间值，是组的下限值与上限值的简单平均）分别用 M_1，M_2，…，M_k 表示，各组数据出现的频数分别用 f_1，f_2，…，f_k 表示，则样本平均数的计算公式为

$$\bar{x}=\frac{M_1f_1+M_2f_2+\cdots+M_kf_k}{f_1+f_2+\cdots+f_k}=\frac{\sum_{i=1}^{k}M_if_i}{n}. \tag{3.2}$$

式（3.2）也称为加权平均数[1].

〔例 3.2〕根据第 2 章表 2.8 中的数据，计算销售额的平均数.

解　计算过程见表 3.1.

4 表 3.1　某百货公司销售额分组数据平均数计算表

按销售额分组/万元	组中值 M_i	频数 f_i	M_if_i
140～150	145	4	580
150～160	155	9	1395
160～170	165	16	2640
170～180	175	27	4725
180～190	185	20	3700
190～200	195	17	3315

(1) 如果总体数据被分成 k 组，各组的组中值分别用 M_1，M_2，…，M_k 表示，各组数据出现的频数分别用 f_1，f_2，…，f_k 表示，则总体加权平均数的计算公式为

$$\mu=\frac{M_1f_1+M_2f_2+\cdots+M_kf_k}{f_1+f_2+\cdots+f_k}=\frac{\sum_{i=1}^{k}M_if_i}{N}.$$

3 数据 3-1　4 数据 3-2

续表

按销售额分组/万元	组中值 M_i	频数 f_i	$M_i f_i$
200～210	205	10	2050
210～220	215	8	1720
220～230	225	4	900
230～240	235	5	1175
合计	—	120	22200

根据式（3.2）得：

$$\bar{x}=\frac{\sum_{i=1}^{k} M_i f_i}{n}=\frac{22200}{120}=185\text{（万元）}.$$

3.1.2　中位数和分位数

一组数据按从小到大排序后，可以找出排在某个位置上的数值，用该数 5
值代表数据取值的大小. 这些位置上的数值就是相应的分位数，其中有中位数、四分位数、十分位数、百分位数等.

1. 中位数

中位数是一组数据排序后处于中间位置上的数值，用 M_e 表示. 中位数将全部数据等分成两部分，每部分包含50%的数据，一部分数据比中位数大，另一部分则比中位数小. 中位数是用中间位置上的值代表数据的水平，其特点是不受极端值的影响，在研究收入分配时很有用.

计算中位数时，要先对 n 个数据进行排序，然后确定中位数的位置，最后确定中位数的具体数值. 设一组数据 x_1，x_2，…，x_n 按从小到大排序后为 $x_{(1)}$，$x_{(2)}$，…，$x_{(n)}$，则中位数就是（n+1）/2 位置上的值. 计算公式为

$$M_e=\begin{cases} x_{\left(\frac{n+1}{2}\right)}, & n\text{ 为奇数}, \\ \frac{1}{2}\left[x_{\left(\frac{n}{2}\right)}+x_{\left(\frac{n}{2}+1\right)}\right], & n\text{ 为偶数}. \end{cases} \tag{3.3}$$

5 MEDIAN

〔例 3.3〕根据例 3.1 的数据，计算 9 名学生英语考试分数的中位数.

解　先将 9 名学生的考试分数排序，然后确定中位数的位置为（9+1）÷2=5，中位数是排序后的第 5 个数值，即 $M_e=86$.

假定在例 3.1 中抽取 10 名学生，每名学生的考试分数排序后为：

69　75　78　81　85　86　88　91　92　96

中位数的位置是（10+1）÷2=5.5，中位数为

$$M_e=\frac{85+86}{2}=85.5.$$

2. 四分位数

与中位数类似的还有四分位数、十分位数和百分位数等. 它们分别是用 3 个点、9 个点和 99 个点将数据 4 等分、10 等分和 100 等分后各分位点上的值.

6 四分位数是一组数据排序后处于 25% 和 75% 位置上的值. 它是通过 3 个点将全部数据等分为 4 部分，其中每部分包含 25% 的数据. 很显然，中间的四分位数就是中位数，因此通常所说的四分位数是指处在 25% 位置上和处在 75% 位置上的数值.

与中位数的计算方法类似，根据原始数据计算四分位数时，首先对数据进行排序，然后确定四分位数所在的位置，该位置上的数值就是四分位数. 与中位数不同的是，四分位数位置的确定方法有几种[1]，每种方法得到的结果可能会有一定差异，但差异不会很大. 由于不同统计软件使用的计算方法可能不一样，因此，对同一组数据用不同软件得到的四分位数结果也可能会有所差异，但不会影响对问题的分析.

设 25% 位置上的四分位数为 $Q_{25\%}$，75% 位置上的四分位数为 $Q_{75\%}$，四

(1) SPSS 给出的四分位数位置的确定方法是：$Q_{25\%}$ 位置 $=\frac{n+1}{4}$，$Q_{75\%}$ 位置 $=\frac{3(n+1)}{4}$. Excel 给出的四分位数位置的确定方法是：$Q_{25\%}$ 位置 $=\frac{n+3}{4}$，$Q_{75\%}$ 位置 $=\frac{3n+1}{4}$.

6 QUARTILE

分位数位置的计算公式为

$$Q_{25\%}\text{位置}=\frac{n+1}{4},\quad Q_{75\%}\text{位置}=\frac{3(n+1)}{4}. \tag{3.4}$$

如果位置是整数，四分位数就是该位置对应的值；如果是在整数加0.5的位置上，则取该位置两侧值的平均数；如果是在整数加0.25或0.75的位置上，则四分位数等于该位置前面的值加上按比例分摊的位置两侧数值的差值.

〔例3.4〕根据例3.1的数据，计算9名学生考试分数的四分位数.

解　先对数据进行排序，然后计算出四分位数的位置，再计算出四分位数的值.

$Q_{25\%}$的位置$=\frac{n+1}{4}=\frac{10}{4}=2.5$，即$Q_{25\%}$在第2个数值（75）和第3个数值（78）之间0.5的位置上，因此，$Q_{25\%}=(75+78)\div 2=76.5$.

$Q_{75\%}$的位置$=\frac{3(n+1)}{4}=\frac{3\times 10}{4}=7.5$，即$Q_{75\%}$在第7个数值（91）和第8个数值（92）之间0.5的位置上，因此，$Q_{75\%}=(91+92)\div 2=91.5$.

四分位数表示至少有25%的数据小于或等于$Q_{25\%}$，至少有25%的数据大于或等于$Q_{75\%}$. 显然，在$Q_{25\%}$和$Q_{75\%}$之间包含了50%的数据. 就上面的例子而言，可以说大约有一半学生的考试分数在76.5分和91.5分之间.

除平均数、中位数和四分位数外，有时候也会使用众数作为数据水平的
度量. 众数是一组数据中出现频数最多的数值，用M_o表示. 一般情况下， 7
只有在数据量较大时众数才有意义. 从分布的角度看，众数是一组数据分布的峰值点所对应的数值. 如果数据的分布没有明显的峰值，众数也可能不存在；如果有两个或多个峰值，也可以有两个或多个众数.

3.1.3　用哪个值代表一组数据的位置

平均数、中位数和众数是描述数据位置的3个主要统计量，要理解它们并不困难，但要合理使用则需要了解它们的不同特点和应用场合. 平均数易

7 MODE

被多数人理解和接受，实际中用得也较多，但主要缺点是易受极端值的影响，对于严重偏态分布的数据，平均数的代表性较差．中位数和众数提供的信息不像平均数那样多，但它们也有优点，比如不受极端值的影响，具有统计上的稳健性，当数据为偏态分布，特别是偏斜程度较大时，可以考虑选择中位数或众数，这时它们的代表性要比平均数好．

从分布角度看，平均数是全部数据的算术平均，中位数是处于一组数据中间位置上的值，而众数则始终是一组数据分布的峰值．因此，对于具有单峰分布的大多数数据而言，如果数据的分布是对称的，平均数（$\bar{x}$）、中位数（M_e）和众数（M_o）必定相等；如果数据是明显的左偏分布（在分布的左侧有长尾），必然拉动平均数向最小值一方靠，而众数和中位数由于是位置代表值，不受极端值的影响，此时有 $\bar{x}<M_e<M_o$；如果数据是明显的右偏分布（在分布的右侧有长尾），必然拉动平均数向最大值一方靠，则有$M_o<M_e<\bar{x}$．一般来说，数据分布对称或接近对称时，建议使用平均数；数据分布明显偏态时，可考虑使用中位数或众数．

3.2　离散程度的描述

怎样评价平均数、中位数和众数对一组数据的代表性呢？假定有甲、乙两个地区，甲地区的人均收入为5000 元，乙地区的人均收入为3000 元．你如何评价两个地区的收入状况？如果平均收入的多少代表了该地区的生活水平，你能否认为甲地区的平均生活水平就高于乙地区呢？要回答这些问题，首先需要搞清楚这里的平均收入是否能代表大多数人的收入水平．如果甲地区有少数几个富翁，而大多数人的收入都很低，虽然平均收入很高，但多数人生活水平仍然很低．相反，乙地区多数人的收入水平都在 3000 元左右，虽然平均收入看上去不如甲地区，但多数人的生活水平却比甲地区高，原因是甲地区的收入离散程度大于乙地区．这个例子表明，仅仅知道数据取值的大小是远远不够的，还必须考虑数据之间的差异有多大. 数据之间的差异用统计语言来说就是数据的离散程度. 数据的离散程度越大，各描述统计量对该组数据的代表性就越差；离散程度越小，其代表性就越好.

描述样本数据离散程度的统计量主要有极差、四分位差、方差和标准差以及度量相对离散程度的变异系数等.

3.2.1　极差和四分位差

极差是一组数据的最大值与最小值之差，也称全距，用 R 表示. 比如，根据例3.1中的数据，计算9名学生考试分数的极差为 $R=96-69=27$. 由于极差只是利用了一组数据两端的信息，因而容易受极端值的影响，不能全面反映差异状况. 但在实际应用中，极差总是作为分析数据离散程度的一个参考值.

四分位差是一组数据75%位置上的四分位数与25%位置上的四分位数之差，也称为内距或四分间距，用 Q_d 表示，即 $Q_d=Q_{75\%}-Q_{25\%}$. 四分位差反映了中间50%数据的离散程度；其数值越小，说明中间的数据越集中，数值越大，说明中间的数据越分散. 四分位差不受极端值的影响. 此外，由于中位数处于数据的中间位置，因此，四分位差的大小在一定程度上也说明了中位数对一组数据的代表程度. 例如，根据例3.4计算的9名学生考试分数的四分位数，有 $Q_d=91.5-76.5=15$.

3.2.2　方差和标准差

1. 样本方差和标准差

如果考虑每个数据 x_i 与其平均数 $\bar{x}$ 之间的差异，以此作为一组数据离散程度的度量，结果就要比极差和四分位差更为全面和准确. 这就需要求出每个数据 x_i 与其平均数 $\bar{x}$ 离差的平均数. 但由于 $x_i-\bar{x}$ 之和等于0，需要进行一定的处理. 一种方法是将离差取绝对值，求和后再平均，这一结果称为平均离差或称平均绝对离差；另一种方法是将离差平方后再求平均数，这一结果称为方差. 方差开方后的结果称为标准差. 方差（或标准差）是实际中应用最广泛的度量数据差异水平的统计量.

设样本方差为 s^2，根据原始数据计算样本方差的公式为：

$$s^2=\frac{\sum_{i=1}^{n}(x_i-\overline{x})^2}{n-1}. \tag{3.5}$$

如果原始数据被分成 k 组，各组的组中值分别为 M_1，M_2，…，M_k，各组数据出现的频数分别为 f_1，f_2，…，f_k 表示，则样本方差的计算公式为[(1)]

$$s^2=\frac{\sum_{i=1}^{k}(M_i-\overline{x})^2 f_i}{n-1}. \tag{3.6}$$

将式（3.5）和式（3.6）开平方后即得到相应的标准差 s.

与方差不同的是，标准差具有量纲，它与原始数据的计量单位相同，其实际意义要比方差清楚. 因此，在对实际问题进行分析时更多地使用标准差.

〔例 3.5〕根据例 3.1 的数据，计算 9 名学生考试分数的方差和标准差.

解　根据式（3.5）得

$$s^2=\frac{(91-84)^2+(69-84)^2+\cdots+(88-84)^2+(86-84)^2}{9-1}=78.5.$$

标准差为 $s=\sqrt{78.5}=8.86$.

统计软件中的描述统计部分都有方差和标准差的输出选项. 使用 Excel
8 中的统计函数〔STDEV〕可以计算样本标准差.

2. 标准得分

有了平均数和标准差之后，可以计算一组数据中每个数值的标准得分. 标准得分可以测度每个数值在该组数据中相对位置，并可以用它来判断一组

(1) 对于总体的 N 个数据，总体方差（population variance）用 σ^2 表示，计算公式为 $\sigma^2=\frac{\sum_{i=1}^{N}(x_i-\mu)^2}{N}$. 对于分组数据，总体方差的计算公式为 $\sigma^2=\frac{\sum_{i=1}^{k}(M_i-\mu)^2 f_i}{N}$. 开平方后即得到总体的标准差. 注意：总体方差通常是不知道的，都是用样本方差 s^2 来推断的.

8 STDEV

数据是否有离群值. 比如，全班的平均考试分数为80分，标准差为10分，而你的考试分数是90分，距离平均分数有多远？显然是1个标准差的距离. 这里的1就是你考试成绩的标准得分. 标准得分说的是某个数据与平均数相比相差多少个标准差，它是某个数据与其平均数的离差除以标准差后的值. 设标准得分为z，则有

$$z_i=\frac{x_i-\overline{x}}{s}. \tag{3.7}$$

式（3.7）也就是统计上常用的标准化公式. 在对多个具有不同量纲的变量进行处理时，常常需要对各变量的数据进行标准化处理，也就是把一组数据转化成具有平均数为0、标准差为1的新的数据. 实际上，标准得分只是将原始数据进行了线性变换，它并没有改变某个数值在该组数据中的位置，也没有改变该组数据分布的形状. 将一组数据化为标准化得分的过程称为数据的标准化. 统计软件中都有对数据的标准化程序.

〔例3.6〕根据例3.1的数据，计算9名学生考试分数的标准得分.

解　由SPSS得到的标准化值如表3.2所示.

表3.2　9名学生考试分数的标准得分

学生编号	英语考试分数	Z英语考试分数
1	91	.790
2	69	−1.693
3	75	−1.016
4	78	−.677
5	81	−.339
6	96	1.354
7	92	.903
8	88	.451
9	86	.226

表中的第一个标准得分 0.790 表示第一个学生的考试分数与平均分数（84 分）相比，高出 0.79 个标准差；第二个学生的考试分数与平均分数相比，低 1.693 个标准差．其余的含义类似．

根据标准得分，可以判断一组数据中是否存在离群值．经验表明：当一组数据对称分布时，约有 68% 的数据在平均数加减 1 个标准差的范围之内；约有 95% 的数据在平均数加减 2 个标准差的范围之内；约有 99% 的数据在平均数加减 3 个标准差的范围之内．可以想象，一组数据中低于或高于平均数加减 3 个标准差之外的数值是很少的，也就是说，在平均数加减 3 个标准差的范围内几乎包含了全部数据，而在 3 个标准差之外的数据在统计上也称为离群值．例如，由表 3.2 可知，9 名学生的考试分数都在平均数加减 2 个标准差的范围内，没有离群值．

经验法则适合于对称分布的数据．如果一组数据是不对称分布，需要使
9 用切比雪夫（Chebyshev）不等式来判别．对任何分布形状的数据，根据切比雪夫不等式，至少有 $1-1/k^2$ 的数据落在平均数加减 k 个标准差之内．其中 k 是大于 1 的任意值，但不一定是整数．对于 k=2，3，4，该不等式的含义是：至少有 75% 的数据落在平均数加减 2 个标准差的范围之内；至少有 89% 的数据落在平均数加减 3 个标准差的范围之内；至少有 94% 的数据落在平均数加减 4 个标准差的范围之内．

3.2.3　比较几组数据的离散程度：变异系数

标准差是反映数据离散程度的绝对值，其数值的大小受原始数据取值大小的影响，数据的观测值越大，标准差的值通常也就越大．此外，标准差与原始数据的计量单位相同，采用不同计量单位计量的数据，其标准差的值也就不同．因此，对于不同组别的数据，如果原始数据的观测值相差较大或计量单位不同时，就不能用标准差直接比较其离散程度，这时需要计算变异系数．

变异系数也称离散系数，它是一组数据的标准差与其相应的平均数之

切比雪夫

9 切比雪夫小传

比，它消除了数据取值大小和计量单位对标准差大小的影响．其计算公式为

$$v_s=\frac{s}{\bar{x}}. \tag{3.8}$$

变异系数主要用于比较不同样本数据的离散程度．变异系数大说明数据的相对离散程度大，变异系数小说明数据的相对离散程度小[1]．

〔例 3.7〕以本章开头给出的 2008 年 8 月 10 日举行的第 29 届北京奥运 10
会女子 10 m 气手枪决赛成绩为例，评价哪名运动员的发挥更稳定．

解　如果各运动员决赛 10 枪的平均成绩差异不大，可以直接比较标准差的大小，否则需要计算变异系数．8 名运动员最后 10 枪决赛的平均成绩、标准差和变异系数如表 3.3 所示：

表 3.3　8 名运动员 10 枪决赛的平均成绩、标准差和变异系数

	运动员	国家	平均环数	标准差	变异系数
1	纳塔利娅・帕杰林娜	俄罗斯	9.81	0.6154	0.0627
2	郭文珺	中国	10.23	0.4373	0.0427
3	卓格巴德拉赫・蒙赫珠勒	蒙古	9.26	0.7074	0.0764
4	妮诺・萨卢克瓦泽	格鲁吉亚	10.14	0.5461	0.0539
5	维多利亚・柴卡	白俄罗斯	9.8	0.6498	0.0663
6	莱万多夫斯卡・萨贡	波兰	9.73	0.7334	0.0754
7	亚斯娜・舍卡里奇	塞尔维亚	9.69	0.3573	0.0369
8	米拉・内万苏	芬兰	9.65	0.4625	0.0479

从变异系数可以看出，在最后 10 枪的决赛中，发挥比较稳定的运动员是塞尔维亚的亚斯娜・舍卡里奇和中国的郭文珺，发挥不稳定的运动员是蒙古的卓格巴德拉赫・蒙赫珠勒和波兰的莱万多夫斯卡・萨贡．

(1) 当平均数接近 0 时，变异系数的值趋于无穷大，此时必须慎重解释．

10 数据 3-3

3.3 分布形状的描述

通过直方图和茎叶图等就可以知道数据的分布是否对称. 对于不对称的分布，要想知道不对称的程度则需要计算相应的描述统计量. 偏斜系数和峰度系数就是对分布对称程度和峰值高低的一种度量.

偏态是指数据分布的不对称性，这一概念是由统计学家皮尔逊
11 (K. Pearson) 于1895年首次提出的. 度量数据分布不对称性的统计量称为**偏斜系数**，记作 SK. 在根据原始数据计算偏斜系数时，通常采用下面的公式：

$$SK=\frac{n}{(n-1)(n-2)}\sum\left(\frac{x-\bar{x}}{s}\right)^3. \tag{3.9}$$

如果一组数据的分布是对称的，则偏斜系数等于0；如果偏斜系数明显不等于0，表明分布是非对称的. 若偏斜系数大于1或小于−1，视为严重偏态分布；若偏斜系数在0.5～1或−0.5～−1之间，视为是中等偏态分布；偏斜系数越接近0，偏斜程度就越低. 其中负值表示左偏分布，正值则表示右偏分布. 例如，根据第2章例2.3中的数据计算的偏斜系数为0.4，表明销售额的分布有一定的偏斜，且为右偏，但偏斜程度不大.

12 峰度是指数据分布峰值的高低，这一概念是由统计学家皮尔逊于1905年首次提出的. 度量峰度的统计量是**峰度系数**，记作 K. 根据原始数据计算峰度系数时，通常采用下面的公式：

$$K=\frac{n(n+1)}{(n-1)(n-2)(n-3)}\sum\left(\frac{x_i-\bar{x}}{s}\right)^4-\frac{3(n-1)^2}{(n-2)(n-3)}. \tag{3.10}$$

峰度通常是与标准正态分布相比较而言的. 由于标准正态分布的峰度系数为0，当 $K>0$ 时为尖峰分布，数据的分布相对集中；当 $K<0$ 时为扁平分布，数据的分布相对分散.

例如，根据第2章例2.3中的数据计算的峰度系数为−0.254，表明销售额分布的峰值比标准正态分布的峰值要略低一些.

11 SKEW　　12 KURT

主要术语

平均数	中位数	四分位数
众数	极差	四分位差
方差	标准差	标准得分
变异系数		

软件应用

1. SPSS 应用

用 SPSS 对数据进行标准化

第 1 步：选择〔分析〕→〔描述统计—描述〕.

第 2 步：将需要标准化的变量选入〔变量〕，然后选中〔将标准化得分另存为变量〕，点击〔确定〕（SPSS 会将标准化后的变量以“Z”开头存放在原始变量工作表中）.

用 SPSS 计算描述统计量

第 1 步：选择〔分析〕→〔描述统计—频率〕.

第 2 步：将用于描述的变量选入〔变量〕，点击〔统计量〕选择所需要的描述统计量，点击〔继续〕回到主对话框，点击〔确定〕.

（注：使用〔分析〕→〔描述统计-描述〕或〔分析〕→〔描述统计-探索〕也可以得到所需的描述统计量.）

2. Excel 应用

用 Excel 计算描述统计量

第 1 步：选择〔数据分析〕，在分析工具中选择〔描述统计〕，单击〔确定〕.

第 2 步：将原始数据所在的区域输入〔输入区域〕，在〔输出选项〕中选择结果的输出位置，选择〔汇总统计〕，单击〔确定〕.

用 Excel 计算描述统计量的几个主要函数

〔AVEDEV〕——计算平均差.

〔AVERAGE〕——计算平均数. 13

〔MODE〕——计算众数.

〔KURT〕——计算峰度系数.

〔MEDIAN〕——计算中位数.

〔QUARTILE〕——计算四分位数.

〔SKEW〕——计算偏斜系数.

〔STDEV〕——计算样本标准差

思考与练习

一、思考题

■ 3.1　一组数据的分布特征可以从哪几个方面进行描述?

■ 3.2　说明平均数、中位数和众数的特点及应用场合.

■ 3.3　标准得分有哪些用途?

■ 3.4　为什么要计算变异系数?

二、练习题

■ 3.1　随机抽取 25 个网络用户，得到他们的年龄数据如下（单位：周岁）：

19	15	29	25	24
23	21	38	22	18
30	20	19	19	16
23	27	22	34	24
41	20	31	17	23

14

计算网民年龄的描述统计量，并对网民年龄的分布特征进行综合分析.

■ 3.2　某银行为缩短顾客到银行办理业务等待的时间，准备采用两种排队方式进行试验. 一种是所有顾客都进入一个等待队列；另一种是顾客在 3 个业务窗口处列队 3 排等待. 为比较哪种排队方式使顾客等待的时间更短，两种排队方式各随机抽取 9 名顾客，得到第一种排队方式的平均等待时间为 7.2 分钟，标准差为 1.97 分钟，第二种排队方式的等待时间（单位：分钟）如下：

13 名词解释　14 数据 3-4

15 5.5　6.6　6.7　6.8　7.1

7.3　7.4　7.8　7.8

(1) 计算第二种排队时间的平均数和标准差；

(2) 比较两种排队方式等待时间的离散
17 程度；

(3) 如果让你选择一种排队方式，你会选择哪一种？ 试说明理由.

■ 3.3　在某地区随机抽取 120 家企业，按利润额进行分组后结果如下：

16

按利润额分组/万元	企业数/个
300 以下	19
300～400	30
400～500	42
500～600	18
600 以上	11
合计	120

计算 120 家企业利润额的平均数和标准差(注：第一组和最后一组的组距按相邻组计算).

■ 3.4　一家公司在招收职员时，首先要通过两项能力测试. 在 A 项测试中，其平均分数是 100 分，标准差是 15 分；在 B 项测试中，其平均分数是 400 分，标准差是 50 分. 一位应试者在 A 项测试中得了 115 分，在 B 项测试中得了 425 分. 与平均分数相比，该位应试者哪一项测试更为理想？

■ 3.5　一种产品需要人工组装，现有 3 种可供选择的组装方法. 为检验哪种方法更好，随机抽取 15 个工人，让他们分别用 3 种方法组装. 下面是 15 个工人分别用 3 种方法在相同的时间内组装的产品数量(单位：个)：

方法 A	方法 B	方法 C
164	129	125
167	130	126
168	129	126
165	130	127
170	131	126
165	130	128
164	129	127
168	127	126
164	128	127
162	128	127
163	127	125
166	128	126
167	128	116
166	125	126
165	132	125

(1) 你准备用哪些统计量来评价组装方法的优劣？

(2) 如果让你选择一种方法，你会做出怎样的选择？ 试说明理由.

网上更多：

知识导图　　基本公式　　教学 PPT　　……

15 数据 3-5　　16 数据 3-6　　17 数据 3-7

第4章　概率分布

数学定律不能百分之百确切地用在现实生活里；能百分之百确切地用数学定律描述的，就不是现实生活.

——Albert Einstein

开篇案例：彩票中奖的概率有多大?

山东的一名打工者为了碰运气，半个小时花去了1000元钱，买了500张即开型福利彩票，结果也没撞上大奖. 和他同来的小马说，他俩是从聊城来打工的，一个月只挣1000多元，本想买几张彩票碰碰运气，可工友却较上了劲，非想中个大奖.

曾有一位款姐玩彩，让人心惊肉跳. 也许是懒得花费时间精挑细选，她全部随机选号，一下子花去了2万多元，开奖后那一期特奖和一等奖都没有中出. 这位款姐肯定是亏本了.

对于普通老百姓来说，彩票只是一种数字游戏，是社会筹集闲散资金的一种方式，而不是一种投资，更不是赌博. 虽然只有7位数，但排列组合却可达到几百万之多，所以一次买彩票20注与200注的中奖几率并没有多大的差别.

有一位彩民以极快的速度接受了彩票这种游戏，但却把发财的梦孤注一掷地“押”在买彩票上. 本不富裕的他基本上是节衣缩食，把大部分生活费花在了彩票上，企盼着中一回大奖，发大财. 但事与愿违，他买了不少，却中的不多，结果生活越来越窘迫. 很显然，这种极端的作法脱离了玩彩票的原则和初衷.

在充满风险、机遇和挑战的彩票市场上，博彩者切记要适可而止，贪得无厌的结果往往是一贫如洗. 有人曾做过统计，最赚钱的彩票，中彩的概率最高是$\frac{1}{5\times10^6}$，有的甚至达到$\frac{1}{10^7}$. 博彩者千万不能贪心，不要幻想一次交易就赚个富翁，要认真谨慎地对待每一次投注，切不可陷入“贪心不足蛇吞象”的误区. 量力而行，限额投注，是玩彩的基本方法，也是彩票吸引人的原因所在. 所以用极少的资金投注，用平常心等待大奖的光临，才是真正的幸运.

赢彩的人总是少数，法国人就有这样的谚语：“中彩的机会比空难的还少.”学一点儿概率知识你就不会和彩票较劲.

当你去购买彩票时，希望自己中大奖，但能否中奖是不确定的. 当你去投资股票时，预期得到较高的收益率，但你不可能确切地知道收益率. 在现实生活中，有很多这类事情，能否成功具有不确定性. 比如，一笔新投资盈利的可能性有多大？一项工程按期完成的可能性有多大？等等，这种不确定性可以用概率来度量. 考虑到后几章学习推断统计的需要，本章主要介绍几种常用的概率分布模型以及样本统计量的概率分布. 1

4.1 度量事件发生的可能性

明天降水的可能性有多大？你购买一只股票明天上涨的可能性有多大？这种对事件发生可能性大小的度量就是概率. 比如天气预报说：明天降水的概率是 80%，这里的 80% 就是对降水这一事件发生的可能性大小的一种数值度量.

概率是介于 0 和 1 之间的一个值. 获得一个事件发生的概率有几种途径. 如果事件是等可能发生的，可以通过重复试验来获得. 当试验的次数很多时，事件 A 发生的概率 $P(A)$ 可以由所观察到的事件 A 发生的频率 p 来逼近. 假定在相同条件下，重复进行 n 次试验，事件 A 发生了 m 次，则事件 A 发生的概率可表示为：

$$P(A)=\frac{\text{事件 } A \text{ 发生的次数}}{\text{重复试验次数}}=\frac{m}{n}=p. \tag{4.1}$$

比值 m/n 越大表示事件 A 发生的越频繁，也就意味着在一次试验中事件 A 发生的可能性（即概率）就越大. 事实上，随着试验次数 n 的增大，比值 m/n 将围绕某一频率 p 上下波动，并且其波动的幅度将随着试验次数 n 的增大而减小，进而趋于稳定，这个稳定的频率 p 就是事件 A 的概率. 比如，抛掷一枚硬币，观察其出现的是正面还是反面，如果定义事件 A=出现正面，这一事件发生的概率 $P(A)=1/2$. 这里的 $P(A)=1/2$ 并不意味着抛

1 统计英语

掷多次硬币恰好有一半结果正面朝上，而是指在连续多次的抛掷中，可以认为出现正面的次数接近一半. 比值 1/2 是对掷一次硬币观察到正面朝上的可能性的度量. 注意：抛掷完成后，其结果就是一个数据，要么一定是正面，要么一定是反面，就不是概率问题了.

尽管可以将事件的概率设想成大量重复试验中该事件出现次数的比例. 但有些试验是不能重复的. 比如，投资 10 万元开设一家餐馆，那么这家餐馆将生存 5 年的概率就是个未知的值，而且不可能重复试验把这个概率估计出来，这个事件发生的概率是一个常数，但却不知道. 不过，可以用已经生存了 5 年的类似餐馆所占的比例作为所求概率的一个近似值. 在现实生活中，有很多事情都是依据它发生的可能性大小做出决策的. 比如，根据自己的判断，明天这只股票上涨的可能性为 80%，这就是一个主观概率. 主观概率往往是基于你个人所掌握的信息、所具有的某种知识等得出的.

4.2 随机变量的概率分布

现实生活中，有时需要研究一项试验结果的某些取值. 比如，抽查 50 个产品，观察其中的次品数 X；国庆长假一个旅游景点的游客人数 X，等等. 这里，X 取哪些值以及 X 取某些值的概率是多少，事先都是不知道的. 但是，如果知道了一个随机变量的概率分布模型，就很容易确定一系列事件发生的概率.

4.2.1 随机变量及其概括性度量

1. 什么是随机变量

在很多领域，研究工作主要是依赖于某个样本数据，而这些样本数据通常是由某个变量的一个或多个观测值组成. 比如，调查 100 个消费者，考察他们对饮料的偏好，并记录下喜欢某一特定品牌饮料的人数 X；调查一座写字楼，记录下每平方米的出租价格 X，等等．这样的一些观察也就是统计上所说的试验．由于记录某次试验结果时事先并不知道 X 取哪一个值，因此称 X 为**随机变量**．

随机变量是用数值来描述特定试验一切可能出现的结果，它的取值事先不能确定，具有随机性．例如抛一枚硬币，其结果就是一个随机变量 X，因为在抛掷之前并不知道出现的是正面还是反面，若用数值 1 表示正面朝上，0 表示反面朝上，则 X 可能取 0，也可能取 1．

有些随机变量只能取有限个值，称为**离散型随机变量**．有些则可以取一个或多个区间中的任何值，称为**连续型随机变量**．将随机变量的取值设想为数轴上的点，每次试验结果对应一个点．如果一个随机变量仅限于取数轴上有限个孤立的点，它就是离散型的；如果一个随机变量是在数轴上的一个或多个区间内取任意值，那么它就是连续型的．比如，在由 100 个消费者组成的样本中，喜欢某一特定品牌饮料的人数 X 只能取 0，1，2，…，100 这些数值之一；检查 50 件产品，合格品数 X 的取值可能为 0，1，2，3，…，50；一家餐馆营业一天，顾客人数 X 的取值可能为 0，1，2，3，…．这里的 X 只能取有限的数值，所以称 X 为离散型随机变量．相反，每平方米写字楼的出租价格 X，在理论上可以取大于 0 到无穷多个数值中的任何一个；检测某产品的使用寿命，产品使用的时间长度 X 的取值可以为 $X \geqslant 0$；某电话用户每次通话时间长度 X 的取值可以为 $X>0$，这些都是连续型随机变量．

当总体内个体数目很多时，一般采用近似（数学模型）认为简单随机抽样是有放回抽样；单独一次抽样的分布服从相同分布；抽取的每个样品值可能是连续随机变量，而且简单随机抽样样品值相互独立．总体通常被认为是随机变量．

若 $f(x)$ 是取非负值的函数，对每一对常数 $b<a$ 满足

$$P(a \leqslant X \leqslant b)=\int_a^b f(x)\,\mathrm{d}x,$$

则称 $f(x)$ 是连续型随机变量 X 的概率密度函数，易见 $P(a \leqslant X \leqslant b)$ 是概率密度函数下的面积.

2. 随机变量的概括性度量

与第 3 章介绍的平均数和方差类似，对于随机变量也可以用类似的量来描述其位置和离散程度. 描述随机变量位置的统计量称为**期望值**，而描述其离散程度的统计量称为方差. 它们是对随机变量的概括性度量.

离散型随机变量 X 的期望值是 X 所有可能取值 x_i（$i=1, 2, \cdots$）与其相应的概率 $p_i(i=1, 2, \cdots)$ 乘积之和，用 μ 或 $E(X)$ 表示，即：

$$\mu=E(X)=\sum_i x_i p_i. \tag{4.2}$$

离散型随机变量 X 的方差等于 $(x_i-\mu)^2$ 与其相应的概率 p_i 乘积之和，用 σ^2 或 $D(X)$ 表示，即：

$$\sigma^2=D(X)=\sum_i (x_i-\mu)^2 p_i. \tag{4.3}$$

随机变量 X 的标准差等于其方差的平方根，用 σ 或 $\sqrt{D(X)}$ 表示.

〔例 4.1〕一家电脑配件供应商声称，它们所提供的 100 个配件中次品的个数 X 及相应的概率如表 4.1 所示. 求该供应商配件次品数的期望值和标准差.

2 表 4.1　每 100 个配件中的次品数及概率分布

次品数（$X=x_i$）	0	1	2	3
概率（p_i）	0.75	0.12	0.08	0.05

解　根据表 4.1 中的数据得：

$$\mu=E(X)=\sum_i x_i p_i=0\times 0.75+1\times 0.12+2\times 0.08+3\times 0.05=0.43.$$

2 数据 4-1

$$\sigma^2 = D(X) = \sum_i (x_i - \mu)^2 p_i$$

$$= (0-0.43)^2 \times 0.75 + (1-0.43)^2 \times 0.12 + (2-0.43)^2 \times 0.08$$

$$+ (3-0.43)^2 \times 0.05$$

$$= 0.7051.$$

相应的标准差 $\sigma = 0.8397$.

类似的，对于概率密度函数为 $f(x)$ 的连续型随机变量 X，期望值为：

$$\mu = E(X) = \int_{-\infty}^{\infty} x f(x)\,\mathrm{d}x. \tag{4.4}$$

方差为：

$$\sigma^2 = D(X) = \int_{-\infty}^{\infty} (x-\mu)^2 f(x)\,\mathrm{d}x. \tag{4.5}$$

4.2.2 随机变量的概率分布

随机变量能取哪些值？取这些值的概率有多大？这就是下面要讲的随机 3
变量的概率分布. 常用的离散型概率分布有二项分布、泊松分布和超几何分布等，连续型概率分布有正态分布、均匀分布和指数分布等. 本章主要介绍后面会用到的二项分布和正态分布.

1. 二项分布

离散型随机变量 X 只取有限个可能的值 x_1，x_2，…，而且是以确定的概率取这些值，即 $P(X=x_i)=p_i$（$i=1$，2，…）. 因此，可以列出 X 的所有可能取值 x_1，x_2，…，以及取每个值的概率 p_1，p_2，…，这就是离散型随机变量的概率分布.

离散型概率分布具有性质：

（1）$p_i \geqslant 0$；

（2）$\sum_i p_i = 1$，$i=1$，2，….

假定知道一个离散型随机变量的概率分布，并能用一定的公式表达出来，就能根据这一分布计算出随机变量任意一个取值的概率.

3 泊松小传

泊松

雅各布 · 伯努利

4 二项分布是建立在伯努利（Bernoulli）试验基础上的．n 重伯努利试验满足下列条件：

（1）一次试验只有两个可能结果，即“成功”和“失败”．这里的“成功”是指感兴趣的某种特征．比如，产品分为合格品与不合格品，如果对合格品感兴趣，则“成功”就表示合格品．

（2）一次试验“成功”的概率为 p，“失败”的概率为 $q=1-p$，而且概率 p 对每次试验都是相同的．

（3）试验是相互独立的，且可以重复进行 n 次．

在 n 次试验中，“成功”的次数对应一个离散型随机变量 X．这样，在 n 次伯努利试验中，出现“成功”的次数的概率分布就是二项分布，记为 $X\sim B(n,\ p)$．n 次试验中成功次数为 x 的概率可表示为：

$$P(X=x)=\mathrm{C}_n^x p^x q^{n-x},\ x=0,\ 1,\ 2,\ \cdots,\ n. \qquad (4.6)$$

二项分布的期望值和方差分别为：

$$\mu=E(X)=np,\ \sigma^2=D(X)=npq. \qquad (4.7)$$

〔例 4.2〕已知一批产品的次品率为 4%，从中有放回地抽取 5 个．求 5 个产品中：（1）没有次品的概率是多少？（2）恰好有 1 个次品的概率是多少？（3）有 3 个以下次品的概率是多少？

解　抽取一个产品相当于一次试验，因此 $n=5$．由于是有放回地抽取，所以每次试验是独立的，每次抽取的次品率都是 4%．设 X 为抽取的次品
5 数，显然 $X\sim B(n,\ p)$．使用 Excel 中的〔BINOMDIST〕函数计算得到的概率分别为：（1）$P(X=0)=0.815373$．（2）$P(X=1)=0.169869$．（3）$P(X<3)=0.999398$．

2．正态分布

6 正态分布最初是由高斯（Carl Friedrich Gauss，1777—1855）作为描述误差相对频数分布的模型而提出来的．令人惊讶的是，这条曲线竟然为许多不同领域的数据的相对频数提供了一个恰当的模型，因而得到十分广泛的应用．在现实生活中，有许多现象都可以由正态分布来描述，甚至当一个连续

4 雅各布·伯努利小传

5 BINOMDIST

6 高斯小传

高斯

总体的分布未知时，我们总尝试假设该总体服从正态分布来进行分析. 其他一些分布（如二项分布）可以利用正态分布作近似计算，而且由正态分布也可以导出其他一些重要的统计分布，如 t 分布、χ^2 分布、F 分布等.

若随机变量 X 服从正态分布，记为 $X \sim N(\mu, \sigma^2)$. 不同的 μ 值和不同的 σ 值对应于不同的正态分布，其概率密度函数所对应的曲线如图 4.1 所示.

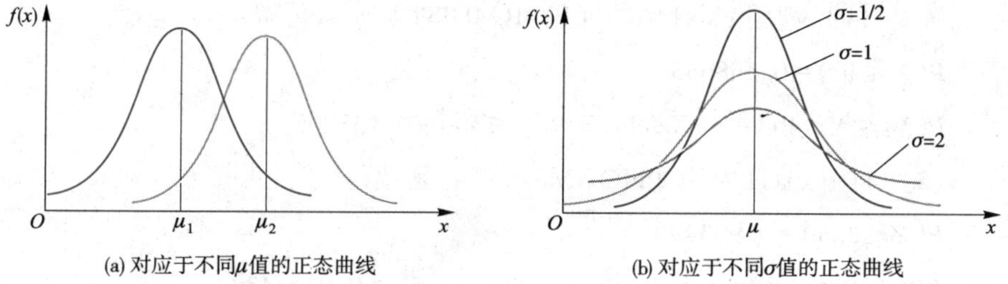

图 4.1 μ 和 σ 取不同值时对正态曲线的影响

从图 4.1 可以看出正态曲线具有如下性质：

（1）正态曲线的图形是关于 $x=\mu$ 对称的钟形曲线，且峰值在 $x=\mu$ 处.

（2）正态分布的两个参数 μ 和 σ 一旦确定，正态分布的具体形式也就唯一确定，不同参数取值的正态分布构成一个完整的“正态分布族”. 其中均值 μ 可以是实数轴上的任意数值，它决定正态曲线的具体位置，标准差 σ 相同而均值不同的正态曲线在坐标轴上体现为水平位移. 标准差 σ 为大于零的实数，它决定正态曲线的“陡峭”或“扁平”程度. σ 越大，正态曲线越扁平；σ 越小，正态曲线越陡峭.

（3）当 X 的取值向横轴左右两个方向无限延伸时，正态曲线的左右两个尾端也无限渐近横轴，但理论上永远不会与之相交.

（4）正态随机变量在特定区间上取值的概率由正态曲线下的面积给出，而且其曲线下的总面积等于 1.

由于正态分布是一个分布族，对于任一个服从正态分布的随机变量，通过 $Z=(X-\mu)/\sigma$ 进行标准化后的新随机变量都将服从均值为 0、标准差为 1 的标准正态分布，记为 $Z\sim N(0,1)$.

［例 4.3］计算下列概率.

（1）$X\sim N(50,10^2)$，求 $P(X\leqslant 40)$ 和 $P(30\leqslant X\leqslant 40)$；

（2）$Z\sim N(0,1)$，求 $P(Z\leqslant 2.5)$ 和 $P(1.5\leqslant Z\leqslant 2)$；

（3）正态分布概率为 0.05 时，求标准正态累积分布函数的反函数值 z.

7 解　（1）利用 Excel 中的〔NORMDIST〕函数可得：

$P(X\leqslant 40)=0.158655$.

$P(30\leqslant X\leqslant 40)=P(X\leqslant 40)-P(X\leqslant 30)=0.135905$.

8 （2）利用 Excel 中的〔NORMSDIST〕函数得：

$P(Z\leqslant 2.5)=0.99379$.

$P(-1.5\leqslant Z\leqslant 2)=P(Z\leqslant 2)-P(Z\leqslant -1.5)=0.910443$.

9 （3）利用 Excel 中的〔NORMSINV〕函数得：

NORMSINV(0.05) = −1.644854.

经验法则总结了正态分布在一些常用区间上的概率，其图形如图 4.2 所示.

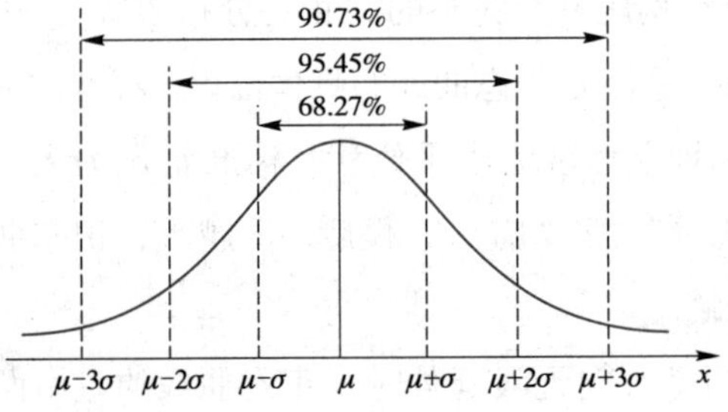

图 4.2　常用区间的正态概率值

7 NORMDIST　8 NORMSDIST　9 NORMSINV

图4.2表明，正态随机变量落入其均值左右各1个标准差内的概率是68.27%，落入其均值左右各2个标准差内的概率是95.45%；落入其均值左右各3个标准差内的概率是99.73%.

4.2.3　其他几个重要的统计分布

有些随机变量是统计学家为了分析的需要而构造出来的. 比如，把样本均值标准化后形成一个新的随机变量 t，样本方差除以总体方差得到一个随机变量 χ^2，两个样本方差比形成一个随机变量 F，等等. 这些随机变量用 t、χ^2 和 F 来表示是因为它们分别服从统计中的 t 分布、χ^2 分布和 F 分布. 这些分布都是由正态分布推导而来，它们在推断统计中具有独特的地位和作用.

1. t 分布

t 分布的提出者是戈塞特（Gosset），由于他经常用笔名“student”发表 10
文章，用 t 表示样本均值经标准化后的新随机变量，因此称为 t 分布，也称为学生氏分布.

t 分布是类似正态分布的一种对称分布，它通常要比正态分布平坦和分散. 一个特定的 t 分布依赖于称之为自由度的参数. 随着自由度的增大，t 分布也逐渐趋于正态分布，如图4.3所示.

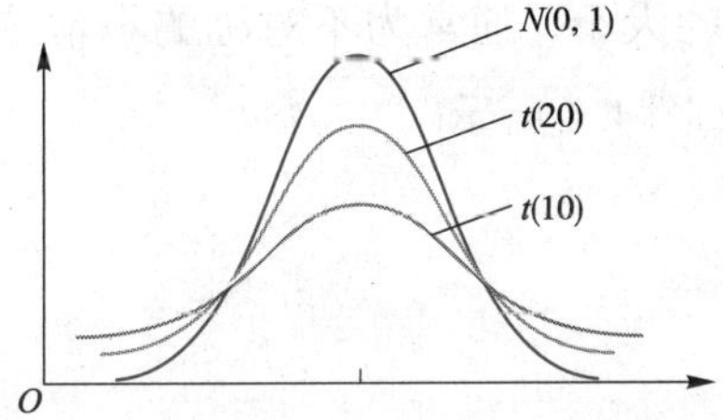

图4.3　不同自由度的 t 分布与标准正态分布的比较

当正态总体标准差未知时，在小样本条件下对总体均值的估计和检验要用到 t 分布. t 分布的概率即为曲线下面积. 利用Excel中的〔TDIST〕函数 11

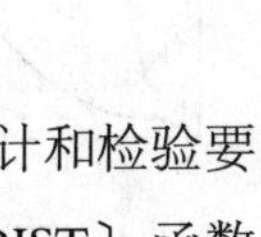

戈塞特

10 戈塞特小传　11 TDIST

12 可以计算给定 t 值和自由度时 t 分布的概率值，而利用〔TINV〕函数则可以计算给定概率和自由度时的相应 t 值.

〔例 4.4〕计算：(1) 自由度为 10，t 值大于 2 的概率；(2) 自由度为 10，t 分布双尾概率为 0.05 时的 t 值.

解　(1) 在 Excel 工作表的任意单元格中输入“=TDIST(2, 10, 1)”，得到 t 分布的概率为 0.03669.

(2) 在 Excel 工作表的任意单元格中输入“=TINV(0.05, 10)”，得到相应的 t 值为 2.2281.

2. χ^2 分布

χ^2 分布是由阿贝（Abbe）于 1863 年首先给出的，后来由赫伯特（Hermert）和皮尔逊分别于 1875 年和 1900 年推导出来.

n 个独立标准正态变量的平方和的分布称为具有 n 个自由度的 χ^2 分布，记为 $\chi^2(n)$. 设总体服从一般正态分布，则 $Z=\dfrac{X-\mu}{\sigma}\sim N(0, 1)$. 令 $Y=Z^2$，则 Y 服从自由度为 1 的 χ^2 分布，即 $Y\sim\chi^2(1)$. 一般地，对于 n 个独立标准正态变量 $Y_1, Y_2, \cdots, Y_n$，则随机变量 $\chi^2=\sum\limits_{i=1}^{n} Y_i^2$ 的分布为具有 n 个自由度的 χ^2 分布，记为 $\chi^2\sim\chi^2(n)$.

$\chi^2(n)$ 分布的形状取决于其自由度 n 的大小，通常为不对称的右偏分布，但随着自由度的增大逐渐趋于对称，如图 4.4 所示.

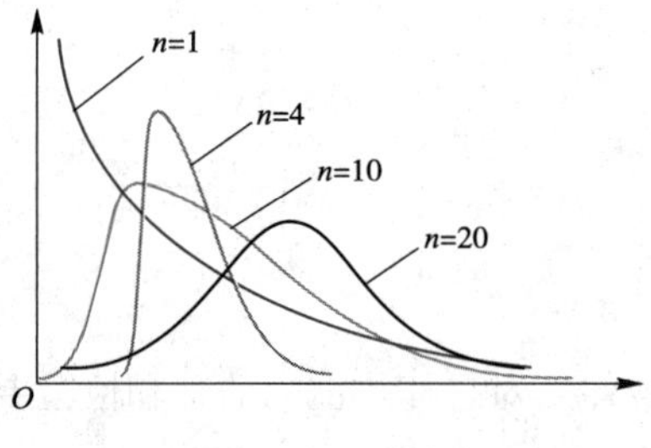

图 4.4　不同自由度的 χ^2 分布

12 TINV

在总体方差的估计和非参数检验中会用到χ^2分布．χ^2分布的概率即为曲线下面积．利用Excel中的〔CHIDIST〕函数，可以计算给定χ^2值和自由 13
度时χ^2分布右尾的概率，而利用〔CHIINV〕函数则可以计算给定右尾概率 14
和自由度时相应的反函数值（χ^2值）．

〔例4.5〕计算：(1) 自由度为8，χ^2值大于10的概率；(2) 自由度为10，χ^2分布右尾概率为0.05时的反函数值（在估计和检验中称为临界值）．

解 (1) 在Excel工作表的任意单元格中输入“=CHIDIST(10, 8)”，得到χ^2分布的右尾概率为0.265026.

(2) 在Excel工作表的任意单元格中输入“=CHIINV(0.05, 10)”，得到$\chi^2=18.307$.

3. *F*分布

*F*分布是为纪念著名统计学费希尔而以其姓氏的第一个字母命名的．它 15
是两个χ^2分布的比．设$U\sim\chi^2(n_1)$，$V\sim\chi^2(n_2)$，且U和V相互独立，则$F=\dfrac{U/n_1}{V/n_2}$服从自由度为n_1和n_2的F分布，记为$F\sim F(n_1, n_2)$．F分布的图形与χ^2分布类似，其形状取决于两个自由度，如图4.5所示．

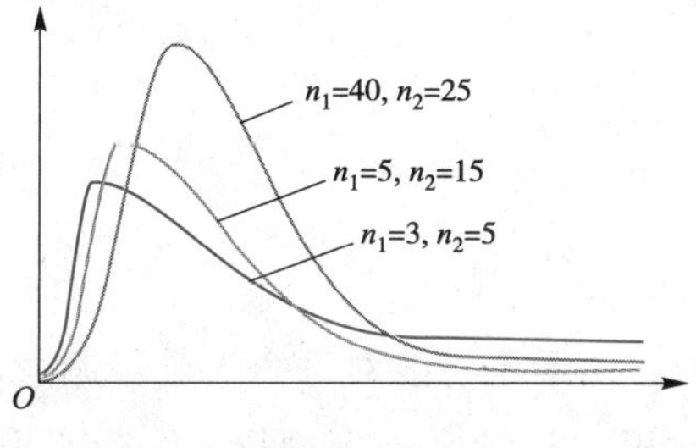

图4.5 不同自由度的*F*分布

*F*分布通常用于比较不同总体的方差是否有显著差异．*F*分布的概率即为曲线下面积．利用Excel中的〔FDIST〕函数，可以计算给定*F*值和自由 16
度n_1和n_2时*F*分布的右尾概率，而利用〔FINV〕函数则可以计算给定右 17

13 CHIDIST　14 CHIINV　15 费希尔小传　16 FDIST　17 FINV

费希尔

尾概率和自由度 n_1、n_2 时的相应 F 值.

〔例 4.6〕计算：(1) 自由度 $n_1=10$，$n_2=8$，F 值大于 3 的概率；(2) 自由度 $n_1=10$，$n_2=8$，F 分布右尾概率为 0.05 时的 F 值.

解 (1) 在 Excel 工作表的任意单元格中输入"=FDIST(3, 10, 8)"，得到 F 分布的概率为 0.06645.

(2) 在 Excel 工作表的任意单元格中输入"=FINV(0.05, 10, 8)"，得到的 F 值为 3.34716.

4.3 样本统计量的概率分布

你可能关心某个地区所有家庭的平均收入是多少，但你不可能去调查每个家庭的收入，而只能抽取一部分家庭作为样本，获得样本家庭的收入数据，然后用样本平均收入去推断全部家庭的平均收入. 当然，你也可能去推断所有家庭收入的方差是多少，低收入家庭的比例是多少. 这就是抽样推断问题. 那么，你做出这种推断的依据是什么？怎样才能让别人信服你的推断结果呢？这就必须知道用于推断的样本统计量（如样本均值 $\bar{x}$、样本比例 p、样本方差 s^2 等）是如何分布的.

4.3.1 统计量及其分布

1. 参数和统计量

如果想了解某个地区的人均收入状况，由于不可能对每个人进行调查，因而也就无法知道该地区的人均收入. 这里"该地区的人均收入"就是所关心的总体参数，它是对总体特征的某个概括性度量.

参数通常是不知道的，但又是我们想要了解的总体的某种特征值. 如果只研究一个总体，所关心的参数通常有总体平均数、总体标准差、总体比例等. 在统计中，总体参数通常用希腊字母表示. 比如，总体平均数用 μ 表示，总体标准差用 σ 表示，总体比例用 π 表示.

总体参数虽然是未知的，但可以利用样本信息来推断. 比如，从某地区随机抽取500人组成一个样本，根据这500人的平均收入推断该地区所有人口的平均收入. 这里500人的平均收入就是一个统计量，它是根据样本数据计算的用于推断总体的某些量，是对样本特征的某个概括性度量. 显然，统计量是样本的函数. 由于统计量的取值会因样本不同而变化，因此样本统计量是一个随机变量. 但在抽取一个具体的样本时，样本数据就是已知的，所以统计量的值总是可以计算出来的.

就一个样本而言，关心的统计量通常有样本均值、样本方差、样本比例等. 样本统计量通常用英文字母来表示，比如，样本平均数用 $\bar{x}$ 表示，样本方差用 s^2 表示，样本比例用 p 表示，等等.

2. 统计量的概率分布

总体参数虽然是未知的，但它不会随着样本的不同而变化. 相反，样本统计量的值却完全依赖于所抽取的样本. 既然统计量是一个随机变量，那么它有一定的概率分布. 样本统计量的概率分布也称为**抽样分布**，它是由样本统计量的所有可能取值形成的相对频数分布. 但由于现实中不可能将所有可能的样本都抽出来，因此，统计量的概率分布实际上是一种理论分布.

既然统计量的取值是依据样本而变化的，那么，根据统计量来推断总体参数就必然具有某种不确定性. 幸运的是，我们可以给出这种推断的可靠性，而度量这种可靠性的依据正是统计量的概率分布，并且我们确知这种分布的某些性质. 因此，统计量的概率分布提供了该统计量长远而稳定的信息，它构成了推断总体参数的理论基础.

4.3.2　样本均值的分布

设总体共有 N 个元素，从中抽取样本量为 n 的随机样本，在有放回抽样条件下，共有 N^n 个可能的样本，在无放回抽样条件下，共有 $C_N^n=\dfrac{N!}{n!(N-n)!}$ 个可能的样本．把所有可能的样本均值都算出来，由这些样本均值形成的分布就是样本均值的概率分布或称样本均值的抽样分布．但现实中不可能将所有的样本都抽出来，因此，样本均值的概率分布实际上是一种理论分布，但当样本量较大时，统计学家能够证明它近似服从正态分布．下面通过一个例子说明样本均值的概率分布．

〔例 4.7〕设一个总体含有 4 个元素（个体），取值分别为：$x_1=1$，$x_2=2$，$x_3=3$，$x_4=4$．从该总体中采取重复抽样方法抽取样本量为 $n=2$ 的所有可能样本，写出样本均值 $\bar{x}$ 的概率分布．

解　总体为均匀分布，即 x_i 取每一个值的概率都相同．总体的均值和方差分别为

$$\mu=\frac{\sum\limits_{i=1}^{4}x_i}{N}=\frac{10}{4}=2.5,\quad \sigma^2=\frac{\sum\limits_{i=1}^{4}(x_i-\mu)^2}{N}=\frac{5}{4}=1.25.$$

从总体中采取重复抽样方法抽取容量为 $n=2$ 的随机样本，共有 $4^2=16$ 个可能的样本．计算出每一个样本的均值 $\bar{x}_i$，结果如表 4.2 所示．

表 4.2　16 个可能的样本及其均值 $\bar{x}$

18

样本	样本中的元素	样本均值 $\bar{x}$
1	1，1	1.0
2	1，2	1.5
3	1，3	2.0
4	1，4	2.5
5	2，1	1.5
6	2，2	2.0
7	2，3	2.5
8	2，4	3.0

18 数据 4-2

续表

样本	样本中的元素	样本均值 $\bar{x}$
9	3，1	2.0
10	3，2	2.5
11	3，3	3.0
12	3，4	3.5
13	4，1	2.5
14	4，2	3.0
15	4，3	3.5
16	4，4	4.0

每个样本被抽中的概率相同，均为1/16．将样本均值经整理后如表4.3所示.

表4.3　样本均值 $\bar{x}$ 的分布

$\bar{x}$ 的取值	$\bar{x}$ 的个数	$\bar{x}$ 取值的概率 $P(\bar{x})$
1.0	1	1/16
1.5	2	2/16
2.0	3	3/16
2.5	4	4/16
3.0	3	3/16
3.5	2	2/16
4.0	1	1/16

将 $\bar{x}$ 的分布绘成图，如图4.6所示．通过比较总体分布和样本均值的概率分布，不难看出它们的区别．尽管总体为均匀分布，但样本均值的概率分布在形状上却是近似正态的.

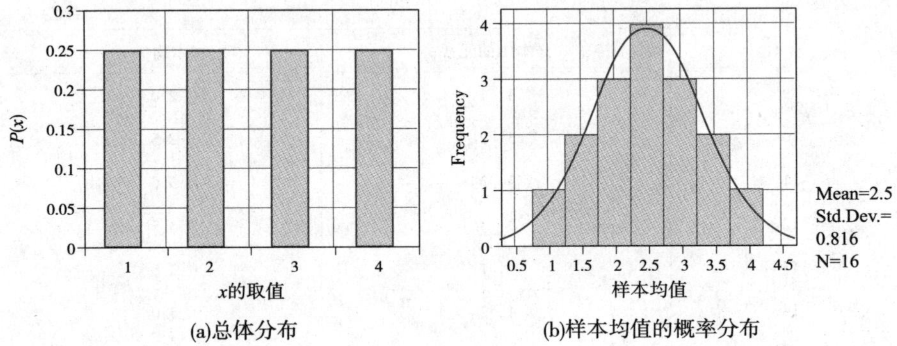

图 4.6　总体分布与样本均值的概率分布的比较

样本均值的分布与抽样所依据的总体的分布和样本量 n 的大小有关. 统计证明，如果总体是正态分布，那么，无论样本量的大小，样本均值的分布都近似服从正态分布. 如果总体不是正态分布，就要看样本量的大小了. 随着样本量 n 的增大（通常要求 $n \geqslant 30$），不论原来的总体是否服从正态分布，样本均值的概率分布都将趋于正态分布，其分布的期望值为总体均值 μ，方差为总体方差的 $1/n$. 这就是统计上著名的**中心极限定理**. 这一定理可以表述为：从均值为 μ、方差为 σ^2 的总体中，抽取样本量为 n 的随机样本，当 n 充分大时（通常要求 $n \geqslant 30$），样本均值的分布近似服从均值为 μ、方差为 σ^2/n 的正态分布，即 $\bar{x} \sim N\left(\mu, \frac{\sigma^2}{n}\right)$. 等价地有 $\frac{\bar{x}-\mu}{\sigma/\sqrt{n}} \sim N(0, 1)$.

如果总体不是正态分布，当 n 为小样本时（通常 $n<30$），样本均值的分布则不服从正态分布. 样本均值的分布与总体分布的关系可以用图 4.7 来描述.

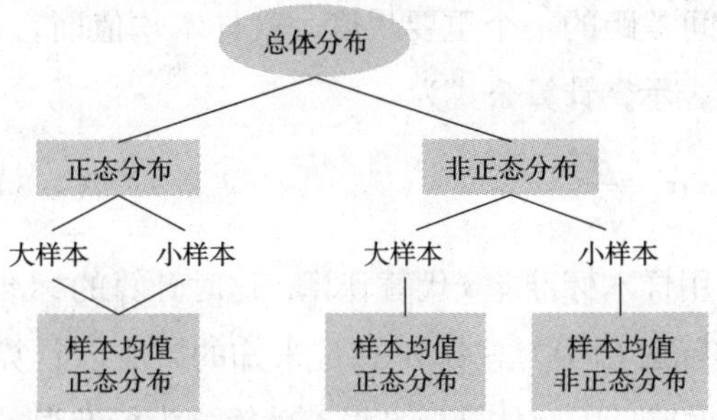

图 4.7 抽样均值的分布与总体分布的关系

4.3.3 样本比例的分布

在商务与经济管理中，许多情况下要进行比例估计. 所谓比例是指总体（或样本）中具有某种属性的个体与全部个体之和的比值. 例如，一个班级的学生按性别分为男、女两类，男生人数与全班总人数之比就是比例，女生人数与全班人数之比也是一个比例. 再如，产品可分为合格品与不合格品，合格品（或不合格品）与全部产品总数之比就是比例. 设总体有 N 个元素，具有某种属性的元素个数为 N_0，具有另一种属性的元素个数为 N_1，总体比例用 π 表示，则有 $\pi=N_0/N$，或 $N_1/N=1-\pi$. 相应地，样本比例用 p 表示，同样有 $p=n_0/n$，$n_1/n=1-p$.

从一个总体中重复选取样本量为 n 的样本，由样本比例的所有可能取值形成的分布就是样本比例的概率分布. 统计表明，当样本量很大时（通常要求 $np\geqslant 10$ 和 $n(1-p)\geqslant 10$），样本比例分布可用正态分布近似，p 的期望值 $E(p)=\pi$，方差为 $\sigma_p^2=\dfrac{\pi(1-\pi)}{n}$，即 $p\sim N\left(\pi,\ \dfrac{\pi(1-\pi)}{n}\right)$.

4.3.4 统计量的标准误差

统计量的标准误差也称为标准误，它是指样本统计量分布的标准差. 标准误差用于衡量样本统计量的离散程度，在参数估计和假设检验中，它是用于衡量样本统计量与总体参数之间差距的一个重要尺度．就样本均值而言，样本均值的标准误差用 SE 或 $\sigma_{\bar{x}}$ 表示，计算公式为

$$\sigma_{\bar{x}}=\frac{\sigma}{\sqrt{n}}. \tag{4.8}$$

当总体标准差 σ 未知时，可用样本标准差 s 代替计算，这时计算的标准误差称为**估计标准误差**．由于实际应用中，总体 σ 总是未知的，所以计算的标准误差实际上都是估计标准误差，因此估计标准误差就简称为标准误差（统计软件中给出的都是估计标准误差）．

相应地，样本比例的标准误差可表示为

$$\sigma_p=\sqrt{\frac{\pi(1-\pi)}{n}}. \tag{4.9}$$

同样，当总体比例的方差 $\pi(1-\pi)$ 未知时，可用样本比例的方差 $p(1-p)$ 代替．

注意：标准误差与第 3 章介绍的标准差是两个不同的概念．标准差是根据原始观测值计算的，反映一组原始数据的离散程度．而标准误差是根据样本统计量计算的，反映统计量的离散程度．比如，样本均值的标准误是根据多个样本的样本均值 $\bar{x}$ 计算的，反映样本均值的离散程度．

主要术语

概率	随机变量	离散型随机变量
连续型随机变量		期望值
方差	参数	统计量
抽样分布		标准误差

软件应用

Excel 应用

用［BINOMDIST］函数计算二项分布的概率

第1步：在Excel表格界面中，点击插入函数“f_x”.

第2步：在〔选择类别〕中点击〔统计〕，并在〔选择函数〕中点击〔BINOMDIST〕，然后单击〔确定〕.

第3步：在〔Number_s〕后输入试验成功次数. 在〔Trials〕后输入试验总次数. 在〔Probability_s〕后输入每次试验的成功概率. 在〔Cumulative〕后输入0（或FALSE），表示计算成功次数恰好等于指定数值的概率；输入1（或TRUE）表示计算成功次数小于或等于指定数值的累积概率. 单击〔确定〕.

用［NORMDIST］函数计算正态分布的概率

第1步：在Excel表格界面中，点击插入函数“f_x”.

第2步：在〔选择类别〕中点击〔统计〕，并在〔选择函数〕中点击〔NORMDIST〕，然后单击〔确定〕.

第3步：在〔X〕后输入正态分布函数计算的区间点（即x值）. 在〔Mean〕后输入正态分布的均值μ. 在〔Standard_dev〕后输入正态分布的标准差σ. 在〔Cumulative〕后输入1（或TRUE）表示计算事件出现次数小于或等于指定数值的累积概率. 单击〔确定〕.

19 名词解释

用［NORMSDIST］函数计算标准正态分布的概率 19

第1步：在Excel表格界面中，点击插入函数“f_x”.

第2步：在〔选择类别〕中点击〔统计〕，并在〔选择函数〕中点击〔NORMSDIST〕，然后单击〔确定〕.

第3步：在〔Z〕后输入Z的值. 单击〔确定〕.

用［NORMSINV］函数计算概率为α时标准正态分布的反函数值z

第1步：在Excel表格界面中，点击插入函数“f_x”.

第2步：在〔选择类别〕中点击〔统计〕，并在〔选择函数〕中点击〔NORMSINV〕，然后单击〔确定〕.

第3步：在〔Probability〕后输入给定的概率值. 单击〔确定〕.

思考与练习

一、思考题

■ 4.1　举例说明离散型随机变量和连续型随机变量.

■ 4.2　叙述正态分布曲线的特点.

■ 4.3　解释中心极限定理的含义.

■ 4.4　χ^2分布和F分布的图形各有什么特点?

■ 4.5　解释样本统计量的概率分布.

■ 4.6　什么是统计量的标准误差？它有什么用途?

二、练习题

■ 4.1　消费者协会经过调查发现，某品牌空调器有重要缺陷的产品数出现的概率分布如下：

20

X	0	1	2	3	4	5
P	0.041	0.130	0.209	0.223	0.178	0.114
X	6	7	8	9	10	
P	0.061	0.028	0.011	0.004	0.001	

根据上表数据分别计算：

（1）有2到5个（包括2个与5个在内）空调器出现重要缺陷的概率；

（2）只有不到2个空调器出现重要缺陷的概率；

（3）有超过5个空调器出现重要缺陷的概率.

■ 4.2　设 X 是参数为 $n=4$ 和 $p=0.5$ 的二项随机变量. 求以下概率：

（1）$P(X=2)$；

（2）$P(X\leqslant 2)$.

■ 4.3　求标准正态分布的概率：

（1）$P(0\leqslant Z\leqslant 1.2)$；

（2）$P(-0.48\leqslant Z\leqslant 0)$；

（3）$P(Z>1.33)$.

■ 4.4　从均值为200、标准差为50的总体中，抽取 $n=100$ 的简单随机样本，用样本均值 $\bar{x}$ 估计总体均值.

（1）$\bar{x}$ 的期望值是多少？

（2）$\bar{x}$ 的标准差是多少？

（3）$\bar{x}$ 的概率分布是什么？

■ 4.5　从 $\pi=0.4$ 的总体中，抽取一个容量为500的简单随机样本.

（1）p 的期望值是多少？

（2）p 的标准差是多少？

（3）p 的分布是什么？

■ 4.6　假设一个总体共有8个数值，54，55，59，63，64，68，69，70. 从该总体中按重复抽样方式抽取 $n=2$ 的随机样本.

（1）计算出总体的均值和方差；

（2）一共有多少个可能的样本？

（3）抽出所有可能的样本，并计算出每个样本的均值；

（4）画出样本均值的正态概率图，判断样本均值是否服从正态分布；

（5）计算所有样本均值的平均数和标准差，并与总体的均值和标准差进行比较，得到的结论是什么？

网上更多：

知识导图　　基本公式　　教学 PPT　　……

20 数据 4-3

第5章 参数估计

不像其他科学，统计从来不打算使自己完美无缺，统计意味着你永远不需要确定无疑.　　——Gudmund R. Iversen

开篇案例：科学家在哪个年龄段易取得重大突破?

科学家作出重大贡献时的最佳年龄是多少？有研究表明：杰出科学家作出重大贡献的最佳年龄区在25～45岁之间，其最佳峰值年龄和首次贡献的最佳成名年龄随着时代的变化而逐渐增大. 伟大的科学发现很多是由富于创造力的年轻人所提出的. 下表是16世纪中叶至20世纪的12个重大科学突破的资料.

科学发现	科学家	年份	年龄
太阳中心论	哥白尼	1513	40
天文学的基本定律	伽利略	1600	36
运动定律、微积分、万有引力	牛顿	1665	23
电的本质	富兰克林	1746	40
燃烧即氧化	拉瓦锡	1774	31
进化论	达尔文	1858	49
麦克斯韦方程组	麦克斯韦	1864	33
留声机	爱迪生	1877	30
放射性	居里夫人	1902	34
量子论	普朗克	1900	43
相对论	爱因斯坦	1905	26
量子力学的数学基础	薛定谔	1926	39

根据上表样本数据得，16世纪中叶到20世纪有重大突破时科学家平均年龄为35.333岁，95%的置信区间为30.65～41.01岁之间. 这一年龄区间是如何计算出来的？如何理解95%的置信区间？这就是本章将要介绍的内容.

本章所介绍的参数估计是在样本统计量概率分布的基础上，根据样本信息估计所关心的总体参数. 本章首先讨论参数估计的基本原理，然后介绍一个总体参数和两个总体参数估计的方法，最后介绍参数估计中样本量的确定问题. 1

5.1　参数估计的基本原理

参数估计是用样本统计量去估计总体的参数. 比如，用样本均值 $\bar{x}$ 估计总体均值 $\boldsymbol{\mu}$，用样本比例 p 估计总体比例 $\boldsymbol{\pi}$，用样本方差 s^2 估计总体方差 $\boldsymbol{\sigma}^2$，等等. 如果将总体参数用符号 $\boldsymbol{\theta}$ 来表示，用于估计参数的统计量用 $\hat{\theta}$ 表示，当用 $\hat{\theta}$ 来估计 θ 的时候，$\hat{\theta}$ 也被称为**估计量**，而根据一个具体的样本计算出来的估计量的数值称为**估计值**. 比如，要估计一个学院学生考试的平均分数，从中抽取一个随机样本，全学院的平均分数就是参数，用 θ 表示，根据样本计算的平均分数 $\bar{x}$ 就是一个估计量，用 $\hat{\theta}$ 表示，假定计算出来的样本平均分数为 80 分，这个 80 分就是估计量的具体数值，称为估计值.

5.1.1　点估计与区间估计

参数估计的方法有点估计和区间估计两种.

1. 点估计

点估计就是用估计量 $\hat{\theta}$ 的某个取值直接作为总体参数 θ 的估计值. 比如，用样本均值 $\bar{x}$ 直接作为总体均值 μ 的估计值，用样本比例 p 直接作为总体比例 $\boldsymbol{\pi}$ 的估计值，用样本方差 s^2 直接作为总体方差 $\boldsymbol{\sigma}^2$ 的估计值，等等. 假定要估计一个学院学生考试成绩的平均分数，根据抽出的一个随机样本计算的平均分数为 80 分，用 80 分作为全学院平均考试分数的一个估计值，这就是点估计. 再比如，要估计一批产品的合格率，根据抽样计算

1 统计英语

的合格率为 96%，将 96% 直接作为这批产品合格率的估计值，这也是一个点估计.

由于样本是随机抽取的，一个具体的样本得到的估计值很可能不同于总体参数. 点估计的缺陷是无法给出估计的可靠性，也无法说出点估计值与总体参数真实值接近的程度，因为一个点估计量的可靠性是由其抽样分布的标准误差来衡量的. 因此，我们不能完全依赖于一个点估计值，而应围绕点估计值构造出总体参数的一个区间.

2. 区间估计

假定参数是射击靶心的位置，作一次射击（一个点估计），打在靶心 10 环位置上的可能性很小，但打在靶子上的可能性就很大，用打在靶上的这个点画出一个区域，这个区域包含靶心的可能性就很大，我们要寻找的正是这样的一个区域.

区间估计是在点估计的基础上给出总体参数估计的一个估计区间，该区间通常是由样本统计量加减估计误差而得到的. 与点估计不同，进行区间估计时，根据样本统计量的抽样分布，可以对统计量与总体参数的接近程度给出一个概率度量. 下面以总体均值的区间估计为例来说明区间估计的基本原理.

由样本均值的抽样分布可知，在重复抽样或无限总体抽样的情况下，样本均值的期望值等于总体均值，即 $E(\bar{x})=\mu$，样本均值的标准误差为 $\sigma_{\bar{x}}=\frac{\sigma}{\sqrt{n}}$. 由此可知，样本均值 $\bar{x}$ 落在总体均值 μ 的两侧各 1 个标准误差范围内的概率为 0.6827；落在 2 个标准误差范围内的概率为 0.9545；落在 3 个标准误差范围内的概率为 0.9973. 实际上，可以求出样本均值 $\bar{x}$ 落在总体均值 μ 的两侧任何倍数的标准误差范围内的概率. 比如，样本均值 $\bar{x}$ 落在总体均值 μ 的两侧 1.65 倍的标准误差、1.96 倍的标准误差和 2.58 倍的标准误差范围内的概率分别为 90%、95% 和 99%. 这意味着，约有 90%、95% 和 99% 的样本均值会落在 μ 的两侧各 1.65 个标准误差、1.96 个标准误差和 2.58 个标准误差的范围之内.

但实际估计时，情况恰好相反. $\bar{x}$ 是已知的，而 μ 是未知的，也正是将要估计的. 由于 $\bar{x}$ 的分布是关于 μ 对称的，如果某个 $\bar{x}$ 落在 μ 的 1.96 个标准差范围之内，反过来，μ 也被包括在以 $\bar{x}$ 为中心两侧 1.96 个标准误差的范围之内. 这意味着，约有 95% 的样本均值所构造的 1.96 个标准误差的区间会包括 μ. 举例来说，如果抽取 100 个样本来估计总体均值，由 100 个样本均值所构造的 100 个区间中，约有 95 个区间包含总体均值，而另外 5 个区间则不包含总体均值. 图 5.1 给出了区间估计的示意图.

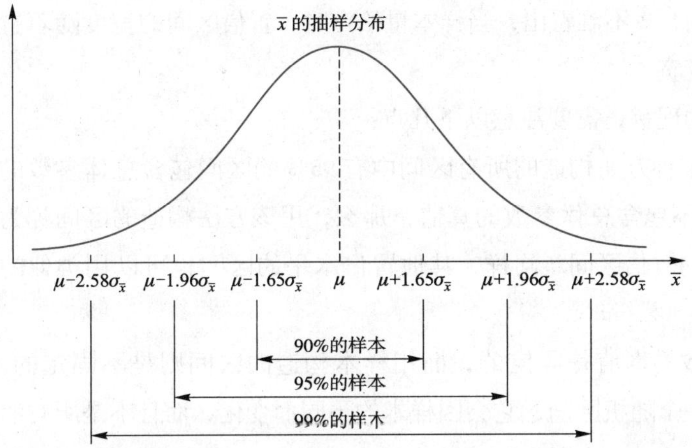

图 5.1 区间估计示意图

在区间估计中，由样本估计量构造出的总体参数在一定置信水平下的估计区间称为**置信区间**，其中区间的最小值称为置信下限，最大值称为置信上限. 由于统计学家在某种程度上确信这个区间会包含真正的总体参数，所以给它取名为置信区间. 假定抽取 100 个样本构造出 100 个置信区间，这 100 个区间中有 95% 的区间包含了总体参数的真值，5% 没包含，则 95% 这个值被称为置信水平. 一般地，如果将构造置信区间的步骤重复多次，置信区间中包含总体参数真值的次数所占的比例称为置信水平，也称为置信度或置信系数. 统计上，常用的置信水平有 90%、95% 和 99%. 有关置信区间的概念可用下面的图 5.2 来表示.

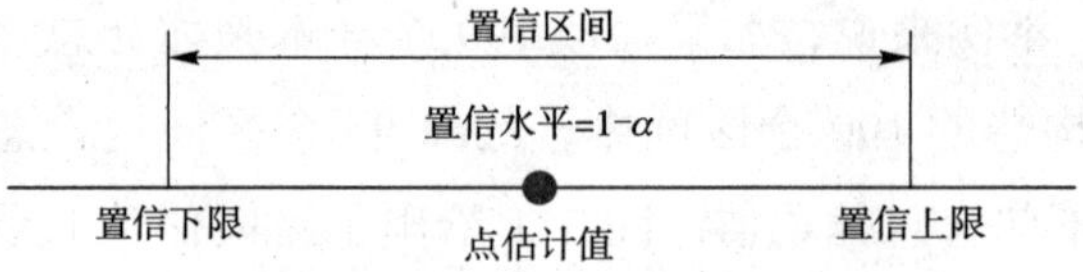

图 5.2 置信区间示意图

从图 5.1 和图 5.2 不难看出，当样本量给定时，置信区间的宽度随着置信水平的增大而变宽.

对置信区间的理解，需要注意以下几点：

(1) 如果用某种方法构造的所有区间中有 95% 的区间包含总体参数的真值，5% 的区间不包含总体参数的真值，那么，用该方法构造的区间称为置信水平为 95% 的置信区间. 同样，其他置信水平的区间也可以用类似的方式进行表述.

(2) 总体参数的真值是固定的，而用样本构造的区间则是不固定的，因此置信区间是一个随机区间，它会因样本的不同而变化，而且不是所有的区间都包含总体参数. 一个置信区间就像是为捕获未知参数而撒出去的网，不是所有的网都能捕获到参数. 在实际问题中，估计时往往只抽取一个样本，此时所构造的是与该样本相联系的一定置信水平（比如 95%）下的置信区间. 我们只能希望这个区间是大量包含总体参数真值的区间中的一个，但它也可能是少数几个不包含参数真值的区间中的一个. 比如，从一个均值 $\mu=185$ 的总体中抽取 $n=10$ 的 20 个随机样本，得到的总体均值 μ 的 20 个置信区间，如下面的图 5.3 所示.

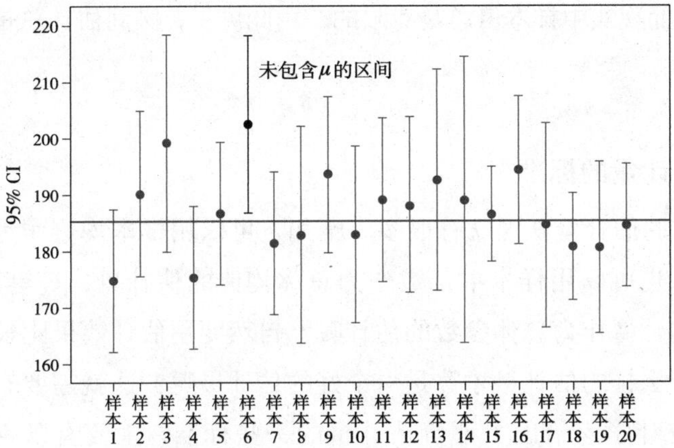

图 5.3　重复构造出的 μ 的 20 个置信区间

图中每个区间中间的点表示 μ 的点估计，即样本均值 $\bar{x}$. 可以看出 20 个区间中有 19 个区间包含总体均值，有 1 个区间（第 6 个样本的区间）没有包含总体均值，这就是 95% 的置信区间. 但是，当抽取了一个具体的样本，用该样本所构造的区间是一个特定的常数区间，我们无法知道这个样本所产生的区间是否包含总体参数的真值，因为它可能是包含总体均值的 19 个区间中的一个，也可能是未包含总体均值的那一个. 因此，一个特定的区间总是“包含”或绝对“不包含”参数的真值，不存在“以多大的概率包含总体参数”的问题. 置信水平只是告诉我们在多次估计得到的区间中大概有多少个区间包含了参数的真值，而不是针对所抽取的这个样本所构建的 2
区间而言的.

（3）使用一个较大的置信水平会得到一个比较宽的置信区间，而使用一个较大的样本则会得到一个较准确（较窄）的区间. 直观地说，较宽的区间会有更大的可能性包含参数. 但实际应用中，过宽的区间往往没有实际意义. 比如，天气预报说“下一年的降雨量是 0～10000 mm”，虽然这很有把握，但有什么意义呢？另一方面，要求过于准确（过窄）的区间同样不一定有意义，因为过窄的区间虽然看上去很准确，但把握性就会降低，除非

2 奈曼小传

奈曼

无限制增加样本量，而现实中样本量总是有限的．由此可见，区间估计总是要给结论留点余地．

5.1.2 评价估计量的标准

用于估计总体 θ 的估计量 $\hat{\theta}$ 可以有很多．比如，可以用样本均值作为总体均值的估计量，也可以用样本中位数作为总体均值的估计量，等等．那么，究竟用哪种估计量作为总体参数的估计呢？自然要用估计效果比较好的那种估计量．什么样的估计量才算是一个好的估计量呢？这就需要有一定的评价标准．统计学家给出了评价估计量的一些标准，主要有以下几个．

1．无偏性

无偏性是指估计量抽样分布的期望值等于被估计的总体参数．设总体参数为 θ，所选择的估计量为 $\hat{\theta}$，如果 $E(\hat{\theta})=\theta$，则称 $\hat{\theta}$ 为 θ 的无偏估计量．图 5.4 给出了估计量无偏和有偏的情形．

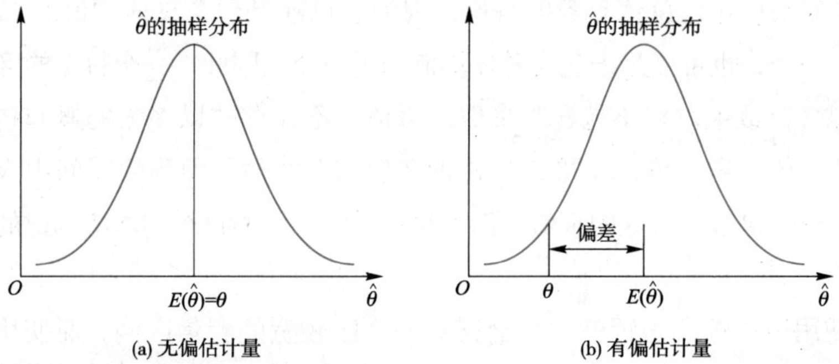

图 5.4　无偏和有偏估计量的情形

由样本均值的抽样分布可知，$E(\bar{x})=\mu$，$E(p)=\pi$，$E(s^2)=\sigma^2$，因此 $\bar{x}$、p、s^2 分别是总体均值 μ、总体比例 π、总体方差 σ^2 的无偏估计量．

2. 有效性

有效性是指估计量的方差大小. 一个无偏的估计量并不意味着它就非常接近被估计的总体参数，估计量与参数的接近程度是用估计量的方差（或标准误差）来度量的. 对同一总体参数的多个无偏估计量，有更小方差的估计量更有效. 假定有两个用于估计总体参数的无偏估计量，分别用 $\hat{\theta}_1$ 和 $\hat{\theta}_2$ 表示，它们的方差分别用 $D(\hat{\theta}_1)$ 和 $D(\hat{\theta}_2)$ 表示，如果 $\hat{\theta}_1$ 的方差小于 $\hat{\theta}_2$ 的方差，即 $D(\hat{\theta}_1)<D(\hat{\theta}_2)$，就称 $\hat{\theta}_1$ 是比 $\hat{\theta}_2$ 更有效的一个估计量. 在无偏估计的条件下，估计量的方差越小，估计也就越有效. 图 5. 5 给出了两个无偏估计量 $\hat{\theta}_1$ 和 $\hat{\theta}_2$ 的抽样分布. 可以看到，$\hat{\theta}_1$ 的方差比 $\hat{\theta}_2$ 的方差小，因此 $\hat{\theta}_1$ 的值比 $\hat{\theta}_2$ 的值更接近总体的参数，表明 $\hat{\theta}_1$ 是比 $\hat{\theta}_2$ 更有效的一个估计量.

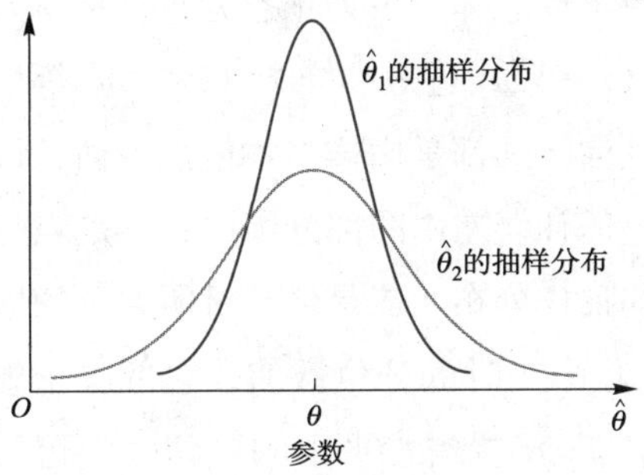

图 5. 5　两个无偏估计量的抽样分布

3. 一致性

一致性是指随着样本量的无限增大，统计量收敛于所估总体的参数. 换言之，一个大样本给出的估计量更接近总体参数. 由于样本均值的标准误差 $\sigma_{\bar{x}}=\sigma/\sqrt{n}$ 与样本量大小有关，样本量越大，$\sigma_{\bar{x}}$ 的值就越小. 因此可以说，大样本量给出的估计量很接近于总体均值 μ. 从这个意义上说，样本均值是总体均值的一个一致估计量. 对于一致性，也可以用下面的图 5. 6 直观地说明它的意义.

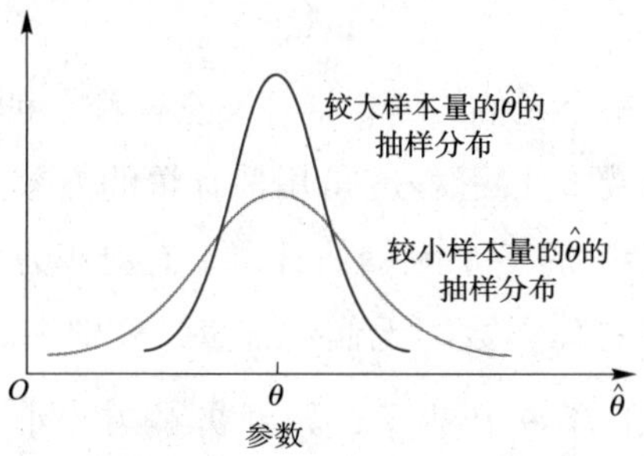

图 5.6　两个不同样本量的样本统计量的抽样分布

5.2　总体均值的区间估计

在对总体均值进行区间估计时，需要考虑总体是否为正态分布，总体方差是否已知，用于估计的样本是大样本（$n \geqslant 30$）还是小样本（$n<30$）等几种情况. 但不管哪种情况，总体均值的置信区间都是由样本均值加减估计误差得到的. 那么，怎样计算估计误差呢？估计误差由两部分组成：一是点估计量的标准误差，它取决于样本统计量的抽样分布. 二是估计时所要求的置信水平为 $1-\alpha$ 时，统计量分布右侧面积为 $\alpha/2$ 时的分位数值，它取决于事先所要求的可靠程度. 因此，总体均值在 $1-\alpha$ 置信水平下的置信区间可一般性地表达为

$$\bar{x} \pm (\text{分位数值} \times \bar{x} \text{ 的标准误差}). \qquad (5.1)$$

5.2.1　大样本的估计

在大样本（$n \geqslant 30$）情况下，由中心极限定理可知，样本均值 $\bar{x}$ 近似服从期望值为 μ、方差为 σ^2/n 的正态分布. 而样本均值经过标准化后则服从标准正态分布，即 $z=\dfrac{\bar{x}-\mu}{\sigma/\sqrt{n}} \sim N(0, 1)$. 当总体标准差 σ 已知时，标准化时使用 σ；当 σ 未知时，则用样本标准差 s 代替. 因此，可以由正态分布构建

总体均值在 $1-\alpha$ 置信水平下的置信区间.

当总体方差 σ^2 已知时，总体均值 μ 在 $1-\alpha$ 置信水平下的置信区间为

$$\bar{x}\pm z_{\alpha/2}\frac{\sigma}{\sqrt{n}}. \tag{5.2}$$

式中：$\bar{x}-z_{\alpha/2}\frac{\sigma}{\sqrt{n}}$称为置信下限，$\bar{x}+z_{\alpha/2}\frac{\sigma}{\sqrt{n}}$称为置信上限；$\alpha$ 是事先所确定的一个概率值，它是总体均值不包括在置信区间的概率；$1-\alpha$ 称为置信水平；$z_{\alpha/2}$是标准正态分布右侧面积为 $\alpha/2$ 时的分位数值；$z_{\alpha/2}\frac{\sigma}{\sqrt{n}}$是估计误差.

当总体方差 σ^2 未知时，式（5.2）中的 σ^2 可以用样本方差 s^2 代替，这时总体均值 μ 在 $1-\alpha$ 置信水平下的置信区间为

$$\bar{x}\pm z_{\alpha/2}\frac{s}{\sqrt{n}}. \tag{5.3}$$

〔例 5.1〕一家保险公司收集到由 36 位投保个人组成的随机样本，得到每位投保人的年龄（单位：周岁）数据如表 5.1 所示. 建立投保人平均年龄的 90% 的置信区间.

表 5.1　36 个投保人年龄的数据 3

23	35	39	27	36	44
36	42	46	43	31	33
42	53	45	54	47	24
34	28	39	36	44	40
39	49	38	34	48	50
34	39	45	48	45	32

解　由于总体方差未知，但为大样本，可用样本方差来代替，用正态分布来构建置信区间. 由 Excel 中的〔NORMSINV〕函数得 $z_{\alpha/2}=1.645$. 根据样本数据计算的样本均值和标准差分别为：$\bar{x}=39.5$，$s=7.77$. 根据式（5.3）得

3 数据 5-1

$$39.5 \pm 1.645 \times \frac{7.77}{\sqrt{36}} = 39.5 \pm 2.12,$$

即（37.37，41.62），投保人平均年龄的 90% 的置信区间为 37.37～41.62 岁.

5.2.2 小样本的估计

在小样本（$n<30$）情况下，对总体均值的估计都是建立在总体服从正态分布的假定前提下. 如果正态总体的 σ 已知，样本均值经过标准化后仍然服从标准正态分布，此时可根据正态分布使用式（5.2）建立总体均值的置信区间. 如果正态总体的 σ 未知，则用样本方差 s 代替，这时样本均值经过标准化后则服从自由度为 $n-1$ 的 t 分布，即

$$t = \frac{\bar{x} - \mu}{s/\sqrt{n}} \sim t(n-1).$$

因此需要使用 t 分布构建总体均值的置信区间. 在 $1-\alpha$ 置信水平下，总体均值的置信区间为

$$\bar{x} \pm t_{\alpha/2} \frac{s}{\sqrt{n}}. \tag{5.4}$$

〔例 5.2〕一家食品生产企业以生产袋装食品为主，按规定每袋的标准重量应为 100 g. 为检查每袋重量是否符合要求，企业质检部门从某天生产的一批食品中随机抽取 25 袋，测得每袋重量如表 5.2 所示. 假定食品重量服从正态分布，且总体标准差为 10 g. 估计该天生产的食品平均重量的置信区间，置信水平为 95%.

4

表 5.2　25 袋食品的重量

112.5	101.0	103.0	102.0	100.5
102.6	107.5	95.0	108.8	115.6
100.0	123.5	102.0	101.6	102.2
116.6	95.4	97.8	108.6	105.0
136.8	102.8	101.5	98.4	93.3

4 数据 5-2

解　由于总体服从正态分布，且已知 $\sigma=10$，虽然是小样本，样本均值经标准化后服从标准正态分布，因此可按式（5.2）来建立置信区间. 由 Excel 中的〔NORMSINV〕函数得 $z_{\alpha/2}=1.96$. 由样本数据计算的样本均值为 $\bar{x}=105.36$. 根据式（5.2）得

$$105.36 \pm 1.96 \times \frac{10}{\sqrt{25}}=105.36 \pm 3.92,$$

即（101.44，109.28），该批食品平均重量 95% 的置信区间为 101.44 ~ 109.28 g.（该天生产的食品的平均重量是否在 101.44 ~ 109.28 g 之间，请读者自己思考.）

〔例 5.3〕已知某种灯泡的使用寿命服从正态分布，现从一批灯泡中随机抽取 16 只，测得其使用寿命（单位：h）如表 5.3 所示：

表 5.3　16 只灯泡的使用寿命　5

1510	1450	1510	1480	1520	1460	1500	1470
1480	1480	1530	1520	1460	1490	1510	1470

建立该批灯泡平均使用寿命 95% 的置信区间.

解　由于总体服从正态分布但 σ 未知，且为小样本，因此需要用 t 分布来建立总体均值的置信区间. 根据样本数据计算得 $\bar{x}=1490$，$s=24.77$. 由 Excel 中的〔TINV〕函数得 $t_{\alpha/2}(n-1)=t_{0.025}(16-1)=2.131$，由式（5.4）得平均使用寿命 95% 的置信区间为

$$1490 \pm 2.131 \times \frac{24.77}{\sqrt{16}}=1490 \pm 13.2,$$

即（1476.8，1503.2），该种灯泡平均使用寿命 95% 的置信区间为 1476.8 ~ 1503.2 h.

上述置信区间也可以由 SPSS 直接给出. 使用〔分析—比较均值—单样

5 数据 5-3

本 T 检验〕得到的结果如表 5.4 所示[1].

表 5.4 灯泡平均使用寿命 95% 的置信区间

单个样本检验

	检验值 =0					
	t	df	Sig（双侧）	均值差值	差分的 95% 置信区间	
					下限	上限
灯泡寿命	240.657	15	.000	1490.000	1476.80	1503.20

5.3 总体比例的区间估计

这里只讨论大样本情况下总体比例的估计问题[2]. 由样本比例 p 的抽样分布可知，当样本量足够大时，比例 p 近似服从期望值为 $E(p)=\pi$，方差为 $\sigma_p^2=\dfrac{\pi(1-\pi)}{n}$的正态分布. 而样本比例经标准化后则服从标准正态分布，即

$$z=\frac{p-\pi}{\sqrt{\pi(1-\pi)/n}}\sim N(0,\ 1).$$

因此，可由正态分布建立总体比例的置信区间. 与总体均值的区间估计类似，总体比例的置信区间是 π 的点估计值 $p\pm$估计误差得到的，π 在 $1-\alpha$ 置信水平下的置信区间可一般地表达为

$$p\pm（分位数值\times p 的标准误差）, \tag{5.5}$$

因此，总体比例 π 在 $1-\alpha$ 置信水平下的置信区间为

$$p\pm z_{\alpha/2}\sqrt{\frac{p(1-p)}{n}}. \tag{5.6}$$

(1) 使用〔分析〕→〔描述统计探索〕也可以得到置信区间.

(2) 对于总体比例的估计，确定样本量是否“足够大”的一般经验规则是：区间 $p\pm 2\sqrt{p(1-p)/2}$中不包含 0 或 1. 或者要求 $np\geqslant 10$ 和 $n(1-p)\geqslant 10$.

式中：$z_{\alpha/2}$ 是标准正态分布上右侧面积为 $\alpha/2$ 时的 z 值；$z_{\alpha/2}\sqrt{\frac{p(1-p)}{n}}$ 是估计误差.

〔例 5.4〕某电视频道想要估计观看某档娱乐节目的人群中女性所占的比例，随机抽取 100 名观众，其中 65 人为女性. 用 95% 的置信水平估计观看该档娱乐节目的人群中女性比例的置信区间.

解　由抽样结果计算的样本比例为 $p=65/100=65\%$. 由 Excel 中的〔NORMSINV〕函数得 $z_{\alpha/2}=1.96$. 根据式（5.6）得

$$65\% \pm 1.96\times\sqrt{\frac{65\%\times(1-65\%)}{100}}=65\% \pm 9.35\%,$$

即（55.65%，74.35%），观看该档娱乐节目的人群中女性比例 95% 的置信区间为 55.65% ~74.35%.

5.4　总体方差的区间估计

估计总体方差时，首先假定总体服从正态分布. 其原理与总体均值和总体比例的区间估计不同，不再是点估计量±估计误差. 因为样本方差的抽样分布服从自由度为 $n-1$ 的 χ^2 分布，因此需要用 χ^2 分布构造总体方差的置信区间. 由于 χ^2 分布是不对称分布，无法由点估计值±估计误差得到总体方差的置信区间.

怎样来构造总体方差的置信区间呢？若给定显著性水平 α，用 χ^2 分布构造的总体方差 σ^2 的置信区间的原理可用下面的图 5.7 表示.

由图 5.7 可以看出，建立总体方差 σ^2 的置信区间，也就是要找到一个 χ^2 值，使其满足 $\chi^2_{1-\alpha/2}\leqslant\chi^2\leqslant\chi^2_{\alpha/2}$，由于 $\frac{(n-1)s^2}{\sigma^2}\sim\chi^2(n-1)$，可用它来代替 χ^2，于是有：

$$\chi^2_{1-\alpha/2} \leqslant \frac{(n-1)s^2}{\sigma^2} \leqslant \chi^2_{\alpha/2}. \tag{5.7}$$

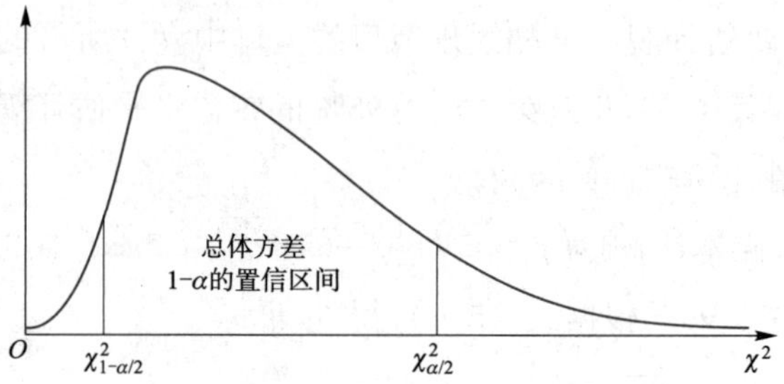

图 5.7　自由度为 $n-1$ 的 χ^2 分布

根据式（5.7）可推导出总体方差 σ^2 在 $1-\alpha$ 置信水平下的置信区间为

$$\frac{(n-1)s^2}{\chi^2_{\alpha/2}} \leqslant \sigma^2 \leqslant \frac{(n-1)s^2}{\chi^2_{1-\alpha/2}}. \tag{5.8}$$

〔例 5.5〕仍沿用例 5.2. 以 95% 的置信水平建立该种食品重量方差的置信区间.

解　根据样本数据计算的样本方差为 $s^2=93.21$. 根据显著性水平 $\alpha=0.05$ 和自由度 $n-1=25-1=24$，由 Excel 中的〔CHIINV〕函数得

$$\chi^2_{\alpha/2}(n-1)=\chi^2_{0.025}(25-1)=39.3641,$$

$$\chi^2_{1-\alpha/2}(n-1)=\chi^2_{0.975}(25-1)=12.4011.$$

总体方差 σ^2 的置信区间为

$$\frac{(25-1)\times 93.21}{39.3641} \leqslant \sigma^2 \leqslant \frac{(25-1)\times 93.21}{12.4011}.$$

即 $56.83 \leqslant \sigma^2 \leqslant 180.39$. 相应地，总体标准差的置信区间则为 $7.54 \leqslant \sigma \leqslant 13.43$. 该企业生产的食品重量标准差 95% 的置信区间为 7.54～13.43 g.

下面的图 5.8 总结了一个总体参数估计的不同情形及所使用的分布.

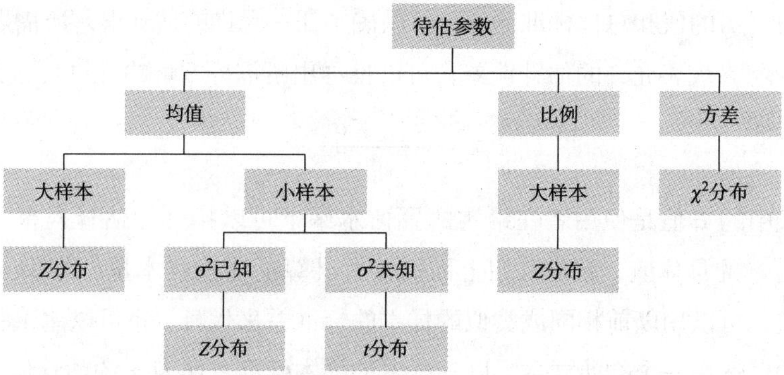

图5.8　一个总体参数估计所使用的分布

5.5　样本量的确定

在进行参数估计之前，首先应确定一个适当的样本量．究竟应该抽取一个多大的样本来估计总体参数呢？在进行估计时，总是希望提高估计的可靠程度．但在一定的样本量下，要提高估计的可靠程度，就需要给出较大的置信水平以扩大置信区间，但相应的准确性则会下降．如果想要提高估计的准确性，在不降低置信水平的条件下，就需要增加样本量以缩小置信区间，但样本量的增加也会受到许多限制．通常，样本量的确定与可以容忍的置信区间的宽度以及对此区间设置的置信水平有一定关系．因此，如何确定一个适当的样本量，也是参数估计中需要考虑的问题．

5.5.1　估计总体均值时样本量的确定

总体均值的置信区间是由样本均值 $\bar{x}$ 和估计误差两部分组成．在重复抽样或无限总体抽样条件下，估计误差为 $z_{\alpha/2}\frac{\sigma}{\sqrt{n}}$．$z_{\alpha/2}$的值和样本量 n 共同确定了估计误差的大小．一旦确定了置信水平 $1-\alpha$，$z_{\alpha/2}$的值就确定了．对于给定的 $z_{\alpha/2}$的值和总体标准差 σ，可以确定任一允许的估计误差所需要的样本量．令 E 代表允许的估计误差，可以推导出所需样本量的计算公式如下：

$$n=\frac{(z_{\alpha/2})^2\sigma^2}{E^2}. \tag{5.9}$$

式中的 E 值是使用者在给定的置信水平下可以接受的估计误差．如果能求出 σ 的具体值，就可以用上面的公式计算所需的样本量．如果 σ 的值不知道，可以用以前相同或类似的样本的标准差来代替；也可以用试验调查的办法，选择一个初始样本，以该样本的样本标准差作为 σ 的估计值．

从式（5.9）可以看出，样本量与置信水平成正比，在其他条件不变的情况下，置信水平越大，所需的样本量也就越大；样本量与总体方差成正比，总体的差异越大，所要求的样本量也越大；样本量与估计误差的平方成反比，即允许的估计误差的平方越大，所需的样本量就越小．简言之，要求一个很有把握或精度很高的估计，就需要更大的样本量．

注意：根据式（5.9）计算出的样本量不一定是整数，通常是将样本量取成较大的整数，也就是将小数点后面的数值一律进位成整数，如 24.68 取 25，24.32 也取 25 等．

〔例 5.6〕拥有工商管理学士学位的大学毕业生年薪的标准差大约为 2000元，假定想要估计年薪 95% 的置信区间，允许的估计误差不超过 400 元，应抽取多大的样本量？

解　已知 $\sigma=2000$，$E=400$，$z_{\alpha/2}=1.96$．根据式（5.9）得

$$n=\frac{(1.96)^2\times 2000^2}{400^2}=96.04\approx 97.$$

即应抽取 97 人作为样本．

5.5.2　估计总体比例时样本量的确定

与估计总体均值时样本量的确定方法类似，在重复抽样或无限总体抽样

条件下，估计总体比例置信区间的估计误差为 $z_{\alpha/2}\sqrt{\frac{\pi(1-\pi)}{n}}$，$z_{\alpha/2}$的值、总体比例 π 和样本量 n 共同确定了估计误差的大小. 由于总体比例的值是固定的，所以估计误差由样本量来确定，样本量越大，估计误差就越小，估计的精度就越好. 因此，对于给定的 $z_{\alpha/2}$的值，可以计算出一定的允许估计误差条件下所需要的样本量. 令 E 代表允许的估计误差，可以推导估计总体比例时所需的样本量，计算公式如下：

$$n=\frac{(z_{\alpha/2})^2\cdot\pi(1-\pi)}{E^2}. \tag{5.10}$$

式中的估计误差 E 由使用者事先确定. 大多数情况下，E 的取值一般应小于 0.10. 如果能够求出 π 的具体值，就可以用上面的公式计算所需的样本量. 如果 π 的值不知道，可以用类似的样本比例来代替，也可以用试验调查的办法，选择一个初始样本，以该样本的比例作为 π 的估计值. 当 π 的值无法知道时，通常取使 $\pi(1-\pi)$ 最大时的值 0.5.

〔例 5.7〕根据以往的生产统计，某种产品的合格率约为 90%，现要求估计误差不超过 5%，在求 95% 的置信区间时，应抽取多少个产品作为样本？

解　已知 π=90%，E=5%，$z_{\alpha/2}$=1.96. 根据式（5.10）得

$$n=\frac{1.96^2\times0.9(1-0.9)}{0.05^2}=138.3\approx139.$$

即应抽取 139 个产品作为样本.

6 ## 主要术语

估计量	估计值	点估计
区间估计	置信区间	置信水平
无偏性	有效性	一致性

软件应用

SPSS 应用

用 SPSS 求一个总体均值的置信区间（小样本）

第 1 步：选择〔分析〕→〔比较均值—单样本 T 检验〕，进入主对话框.

第 2 步：将检验变量选入〔检验变量〕；在〔选项〕中选择所需的置信水平（隐含值为 95%）．点击〔确定〕.

（注：选择〔分析〕→〔描述统计－探索〕，将变量选入〔因变量列表〕，点击〔统计量〕，在〔描述性〕下确定所需的置信水平(隐含值是 95%)．点击〔继续〕．点击〔确定〕．也可以得到相同的置信区间．）

7 ## 思考与练习

一、思考题

■ 5.1　说明区间估计的基本原理.

■ 5.2　简述评价估计量的标准.

■ 5.3　解释置信水平的含义.

■ 5.4　怎样理解置信区间?

■ 5.5　解释置信水平为 95% 的置信区间.

■ 5.6　$z_{\alpha/2}\dfrac{\sigma}{\sqrt{n}}$的含义是什么?

■ 5.7　小样本估计时对总体有什么假定?

■ 5.8　简述样本量与置信水平、总体方差、估计误差的关系.

二、练习题

■ 5.1　某快餐店想要估计每位顾客午餐的平均花费金额，在为期 3 周的时间里选取 49 名顾客组成了一个简单随机样本.

（1）假定总体标准差为 15 元，求样本均值的标准误差;

（2）在 95% 的置信水平下，求估计误差;

（3）如果样本均值为 120 元，求总体均值 μ 的 95% 的置信区间.

■ 5.2　利用下面的信息，构建总体均值 μ 的置信区间.

（1）总体服从正态分布，且已知 $\sigma=500$，$n=15$，$\bar{x}=8900$，置信水平为 95%；

（2）总体不服从正态分布，且已知 $\sigma=500$，$n=35$，$\bar{x}=8900$，置信水平为 95%；

（3）总体不服从正态分布，σ 未知，$n=35$，$\bar{x}=8900$，$s=500$，置信水平为 90%；

（4）总体不服从正态分布，σ 未知，$n=35$，$\bar{x}=8900$，$s=500$，置信水平为 99%.

■ 5.3　某大学为了解学生每天上网的时间，在全校学生中随机抽取 36 人，调查他们每天上网的时间，得到下面的数据（单位：h）如下：

3.3	3.1	6.2	5.8	2.3	4.1	5.4	4.5	3.2
4.4	2.0	5.4	2.6	6.4	1.8	3.5	5.7	2.3
2.1	1.9	1.2	5.1	4.3	4.2	3.6	0.8	1.5
4.7	1.4	1.2	2.9	3.5	2.4	0.5	3.6	2.5

求该校大学生平均上网时间的置信区间，置信水平分别为 90%、95% 和 99%.

■ 5.4　某居民小区共有居民 500 户，小区管理者准备采取一项新的供水设施，想了解居民是否赞成．采取重复抽样方法随机抽取了 50 户，其中有 32 户赞成，18 户反对.

（1）求总体中赞成新措施的户数比例的置信区间，置信水平为 95%；

（2）如果小区管理者预计赞成的比例能达到 80%，要求估计误差不超过 10%．应抽取多少户进行调查?

6 名词解释　7 数据 5-4

■ 5.5　顾客到银行办理业务时往往需要等待一些时间，而等待时间的长短与许多因素有关，比如，银行的业务员办理业务的速度，顾客等待排队的方式，等等．为此，某银行准备采取两种排队方式进行试验，第一种排队方式是：所有顾客都进入一个等待队列；第二种排队方式是：顾客在三个业务窗口处列队三排等待．为比较哪种排队方式使顾客等待的时间更短，银行各随机抽取 10 名顾客，他们在办理业务时所等待的时间（单位：分钟）如下： 8

方式1	6.5	6.6	6.7	6.8	7.1	7.3	7.4	7.7	7.7	7.7
方式2	4.2	5.4	5.8	6.2	6.7	7.7	7.7	8.5	9.3	10.0

(1) 构建第一种排队方式等待时间标准差的 95% 的置信区间；

(2) 构建第二种排队方式等待时间标准差的 95% 的置信区间；

(3) 根据（1）和（2）的结果，你认为哪种排队方式更好？

网上更多：

知识导图　　基本公式　　教学 PPT　　……

8 数据 5-5

第6章 假设检验

……正如一个法庭宣告某一判决为“无罪”而不为“清白”，统计检验的结论也应为“不拒绝”而不为“接受”.

——Jan Kmenta

开篇案例：乙肝疫苗有效吗？

重庆啤酒（股票代码：600132）是在上海证券交易所上市的一家A股公司. 其控股的重庆佳辰生物工程公司研发的治疗用（合成肽）乙型肝炎疫苗历经13年的研究，最终进入Ⅱ期临床实验阶段. 实验以北京大学人民医院为中心实验室为组长单位，选择360例符合条件的受试者进行了“治疗用（合成肽）乙型肝炎疫苗治疗慢性乙型肝炎的疗效及安全性的多中心、随机、双盲、安慰剂对照的Ⅱ期临床研究”. 所有的统计检验均采用双侧检验，P值小于0.05将被认为所检验的差别有统计意义.

2011年12月7日，重庆啤酒披露了该项目的二期临床研究主要疗效指标初步统计结果，并于次日公布了次要疗效指标，包括患者病毒、血清等指标，以及临床安全性指标. 抗体药物国家工程研究中心相关专家表示，数据表明，无论是主要疗效指标还是次要疗效指标，用药与不用药以及用药多少，对纳入研究的病例没有明显差异，这意味着二期临床研究表明，重庆啤酒治疗用乙肝疫苗无效.

如何来阅读这样的实验报告？上述检验的原假设是什么？“P值小于0.05将被认为所检验的差别有统计意义”意味着什么？学完本章的内容就很容易理解这类问题.

假设检验是推断统计的另一项重要内容，它与参数估计类似，但角度不 1
同. 参数估计是利用样本信息推断未知的总体参数，而假设检验则是先对总体参数提出一个假设值，然后利用样本信息判断这一假设是否成立. 本章首先介绍假设检验的基本原理，然后介绍一个总体参数和两个总体参数的检验方法.

6.1　假设检验的基本原理

假设检验的大体思路是：首先对总体提出某种假设，然后抽取样本获得数据，再根据样本提供的信息判断假设是否成立.

6.1.1　怎样提出假设

所谓假设就是对总体的某种看法. 在参数检验中，假设就是对总体参数的具体数值所作的陈述. 比如，我们虽然不知道一批灯泡的平均使用寿命是多少，不知道一批产品的合格率是多少，不知道全校学生生活费支出的方差是多少，但可以事先提出一个假设值，比如，这批灯泡的平均使用寿命是1500小时，这批产品的合格率是95%，全校学生生活费支出的方差是10000，等等.

假设检验就是在对总体参数提出假设的基础上，利用样本信息来判断假设是否成立的统计方法. 比如，假设全校学生的生活费支出的平均值是 800 元，然后从全校学生中抽取一个样本，根据样本信息检验平均生活费支出是否是 800 元，这就是假设检验.

在假设检验中，首先需要提出两种假设，即原假设和备择假设.

原假设也称零假设，它通常是研究者想收集证据予以推翻的假设，用 2
H_0 表示. 原假设所表达的含义总是指参数没有变化或变量之间没有关系，因此等号“=”总是放在原假设上. 以总体均值的检验为例，设参数的假设

1 统计英语　　2 为什么叫零假设

值为μ_0，原假设总是写成H_0：$\mu=\mu_0$、H_0：$\mu\geqslant\mu_0$ 或 H_0：$\mu\leqslant\mu_0$. 原假设在最初被假设是成立的，之后根据样本数据确定是否有足够的证据拒绝原假设.

备择假设通常是指研究者想收集证据予以支持的假设，用 H_1 或 H_a 表示. 备择假设所表达的含义是总体参数发生了变化或变量之间有某种关系，因此，备择假设的形式总是为 H_1：$\mu\neq\mu_0$、H_1：$\mu<\mu_0$ 或 H_1：$\mu>\mu_0$. 备择假设通常用于表达研究者自己倾向于支持的看法，然后想办法收集证据拒绝原假设，以支持备择假设.

在假设检验中，如果备择假设没有特定的方向性，并含有符号"≠"，这样的假设检验称为**双侧检验**或称**双尾检验**. 如果备择假设具有特定的方向性，并含有符号">"或"<"，这样的假设检验称为**单侧检验**或**单尾检验**. 备择假设含有"<"符号的单侧检验称为**左侧检验**，而备择假设含有">"符号的单侧检验称为**右侧检验**.

确定原假设和备择假设在假设检验中十分重要，它直接关系到检验的结论. 下面通过几个例子来说明确定原假设和备择假设的思路.

〔例 6.1〕一种零件的生产标准是直径应为 10 cm，为对生产过程进行控制，质量监测人员定期对一台加工机床检查，确定这台机床生产的零件是否符合标准要求. 如果零件的平均直径大于或小于 10 cm，则表明生产过程不正常，必须进行调整. 试陈述用来检验生产过程是否正常的原假设和备择假设.

解　设这台机床生产的所有零件平均直径的真值为μ. 如果$\mu=10$ 表明生产过程正常，如果$\mu>10$ 或$\mu<10$，则表明机床的生产过程不正常，研究者要检测这两种可能情况中的任何一种. 因此，研究者想收集证据予以支持的假设应该是"生产过程不正常"（因为如果研究者事先认为生产过程正常，也就没有必要去进行检验了）. 所以建立的原假设和备择假设应为

H_0：$\mu=10$（生产过程正常）；H_1：$\mu\neq10$（生产过程不正常）.

〔例 6.2〕某品牌的洗涤剂在其产品说明书中声称：每瓶的"平均净含量不低于 500 g". 从消费者的利益出发，有关研究人员要通过抽检其中的一

批产品来检验该产品制造商的说明是否属实．试陈述用于检验的原假设和备择假设．

解　设该品牌洗涤剂平均净含量的真值为μ．如果抽检的结果发现$\mu<500$，则表明该产品说明书中关于其净含量的陈述是不真实的，有关部门应对其采取相应的措施．一般来说，研究者抽检的意图是倾向于证明这种洗涤剂的平均净含量并不符合说明书中的陈述，因为这会损害消费者的利益（如果研究者对产品说明丝毫没有质疑，也就没有抽检的必要了）．所以$\mu<500$是研究者想要收集证据支持的观点．建立的原假设和备择假设应为

H_0：$\mu\geqslant500$（净含量符合说明书）；H_1：$\mu<500$（净含量不符合说明书）．

〔例6.3〕一家研究机构估计，某城市中家庭拥有汽车的比例超过30%．为验证这一估计是否正确，该研究机构随机抽取了一个样本进行检验．试陈述用于检验的原假设和备择假设．

解　设该城市中家庭拥有汽车的比例真值为π．显然，研究者想收集证据予以支持的假设是"该城市中家庭拥有汽车的比例超过30%"．因此建立的原假设和备择假设应为：

$$H_0:\ \pi\leqslant30\%;\ H_1:\ \pi>30\%.$$

显然，研究者总是希望支持自己的看法．如果是别人检验该研究者的看法，可能提出方向相反的备择假设．

通过上面几个例子可以看出，原假设和备择假设是一个完备事件组，而且相互对立．这意味着，在一项假设检验中，原假设和备择假设必有一个成立，而且只有一个成立．此外，假设的确带有一定的主观色彩，因为"研究者推翻的假设"和"研究者支持的假设"最终仍取决于研究者本人的意向．所以，即使是对同一个问题，由于研究目的不同，也可能提出截然不同的假设．但无论怎样，只要假设的建立符合研究者的最终目的便是合理的．

6.1.2　怎样做出决策

假设检验是根据样本信息做出拒绝或不拒绝原假设的决策．这就涉及两

个问题：一是依据什么做出决策？二是所做的决策是正确的吗？

1. 两类错误与显著性水平

研究者总是希望能做出正确的决策，但由于决策是建立在样本信息的基础之上，而样本又是随机的，因而就有可能犯错误.

原假设和备择假设不能同时成立，决策的结果要么拒绝原假设，要么不拒绝原假设. 决策时总是希望当原假设正确时没有拒绝它，当原假设不正确时拒绝它，但实际上很难保证不犯错误. 一种情况是，原假设是正确的却拒绝了原假设，这时所犯的错误称为**第Ⅰ类错误**，犯第Ⅰ类错误的概率记为 α，因此也被称为 α **错误**. 另一种情况是，原假设是错误的却没有拒绝原假设，这时所犯的错误称为**第Ⅱ类错误**，犯第Ⅱ类错误的概率记为 β，因此也称 β **错误**.

在假设检验中，只要做出拒绝原假设的决策，就有可能犯第Ⅰ类错误，只要做出不拒绝原假设的决策，就有可能犯第Ⅱ类错误. 从直觉上说，这两类错误的概率之间存在这样的关系：在样本量不变的情况下，要减小 α 就会使 β 增大，而要增大 α 就会使 β 减小，两类错误就像一个翘翘板. 人们自然希望犯两类错误的概率都尽可能小，但实际上难以做到. 要使 α 和 β 同时减小的唯一办法是增加样本量，但样本量的增加又会受许多因素的限制，所以人们只能在两类错误的发生概率之间进行平衡，以使 α 和 β 控制在能够接受的范围内. 一般来说，对于一个给定的样本，如果犯第Ⅰ类错误的代价比犯第Ⅱ类错误的代价相对较高，则将犯第Ⅰ类错误的概率定得低些较为合理；反之，则可以将犯第Ⅰ类错误的概率定得高些. 那么假设检验中先控制哪类错误呢？一般来说，发生哪一类错误的后果更严重，就应该首要控制哪类错误发生的概率. 但由于犯第Ⅰ类错误的概率可以由研究者事先控制，而犯第Ⅱ类错误的概率则相对难以计算，因此在假设检验中，人们往往先控制第Ⅰ类错误的发生概率.

假设检验中犯第Ⅰ类错误的概率也称为**显著性水平**，记为 α. 它是人们事先指定的犯第Ⅰ类错误概率的最大允许值. 显著性水平 α 越小，犯第Ⅰ类错误的可能性自然就越小，但犯第Ⅱ类错误的可能性则随之增大．实际应用中，究竟确定一个多大的显著性水平值合适呢？一般情况下，人们认为犯第Ⅰ类错误的后果更严重一些，因此通常会取一个较小的 α 值（一般要求 $\alpha \leqslant 0.1$）．著名的英国统计学家费希尔在他的研究中把小概率的标准定为 0.05，所以人们通常选择显著性水平为 0.05 或比 0.05 更小的概率，当然也可以取其他值．实际中常用的显著性水平有 $\alpha=0.01$、$\alpha=0.05$、$\alpha=0.1$ 等．当选择样本量时，通常要求第Ⅰ类错误概率不大于 0.05，第Ⅱ类错误概率不大于 0.1．

2．依据什么做出决策

在提出具体的假设之后，研究者需要提供可靠的证据来支持他所关注的备择假设．在上面的例 6.2 中，如果你想证实产品标签中的说法不属实，即检验假设：H_0：$\mu \geqslant 500$；H_1：$\mu < 500$，抽取一个样本得到的样本均值为 495 g，你拒绝原假设吗？如果样本均值是 502 g，你拒绝原假设吗？做出拒绝或不拒绝原假设的依据是什么？传统上，做出决策所依据的是样本统计量，现代检验中人们直接使用由统计量算出的犯第Ⅰ类错误的概率，即所谓的 P 值．假设检验时做出决策的依据是：原假设成立时小概率事件不应发 3
生，如果小概率事件发生了，就应当拒绝原假设．

（1）用统计量决策

怎样利用样本信息做出决策呢？首先要根据样本观测结果计算出对原假设做出决策的**检验统计量**．比如要检验总体均值，我们自然会想到要用样本均值作为判断标准．但样本均值 $\bar{x}$ 是总体均值 μ 的一个点估计量，它并不能直接作为判断的依据，只有将其标准化后，才能用于度量它与原假设的参数值之间的差异程度．对于总体均值和总体比例的检验，在原假设 H_0 为真的条件下，根据点估计量的抽样分布可以得到**标准化检验统计量**：

$$\text{标准化检验统计量}=\frac{\text{点估计量}-\text{假设值}}{\text{点估计量的抽样标准差}}. \tag{6.1}$$

实际中使用的检验统计量都是标准化检验统计量，它反映了点估计量

3 什么是小概率

（比如样本均值）与假设的总体参数（比如假设的总体均值）相比相差多少个标准差的距离. 虽然检验统计量是一个随机变量，随样本观测结果的不同而变化，但只要已知一组特定的样本观测结果，检验统计量的值也就唯一确定了.

有了检验统计量就可以建立一个决策准则. 根据事先给定的显著性水平 α，可以在统计量的分布上找到相应的**临界值**，由显著性水平和相应的临界值围成的一个区域称为**拒绝域**. 如果统计量的值落在拒绝域内就拒绝原假设，否则就不拒绝原假设. 拒绝域的大小与给定的显著性水平有关. 当样本量固定时，拒绝域随 α 的减小而减小. 显著性水平、拒绝域和临界值的关系可用下面的图 6.1 来表示.

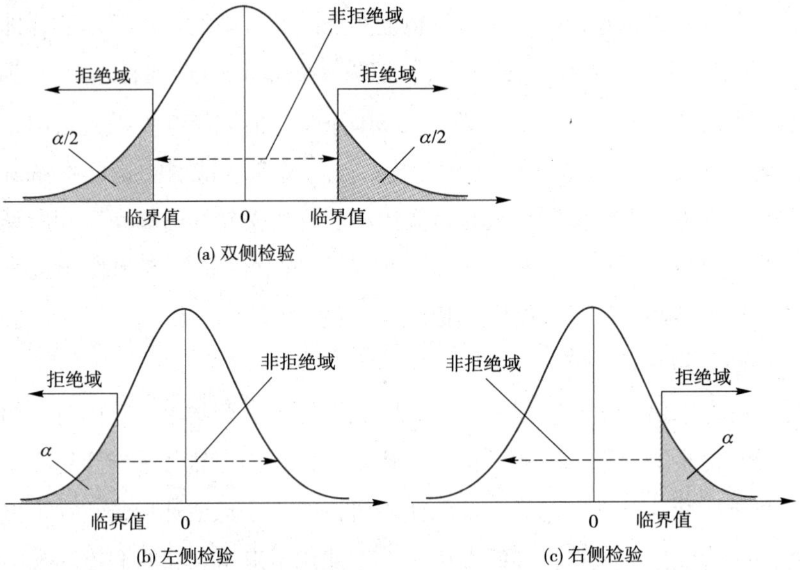

图 6.1　显著性水平、拒绝域和临界值

从图 6.1 可以得出利用统计量进行检验时的决策准则：

双侧检验：|统计量|>临界值，拒绝原假设.

左侧检验：统计量的值<-临界值，拒绝原假设.

右侧检验：统计量的值>临界值，拒绝原假设.

（2）用 P 值决策

统计量检验是根据事先确定显著性水平 α 围成的拒绝域做出决策，不论检验统计量的值是大还是小，只要它落入拒绝域就拒绝原假设，否则就不拒绝原假设. 这样，无论统计量落在拒绝域的什么位置，你也只能说犯第Ⅰ类错误的概率是 α. 但实际上，α 是犯第Ⅰ类错误的上限控制值，统计量落在拒绝域的不同位置，决策时所犯第Ⅰ类错误的概率是不同的. 如果能把犯第Ⅰ类错误的真实概率算出来，就可以直接用这个概率做出决策，而不需要事先给定的显著性水平 α. 这个犯第Ⅰ类错误的真实概率就是 P 值.

用统计的术语来说，如果原假设是正确的，所得到的样本结果会像实际观测结果那么极端或更极端的概率称为 P 值，也称为**观察到的显著性水平**. 下面的图 6.2 给出了拒绝原假设时的 P 值与给定 α 的比较示意图.

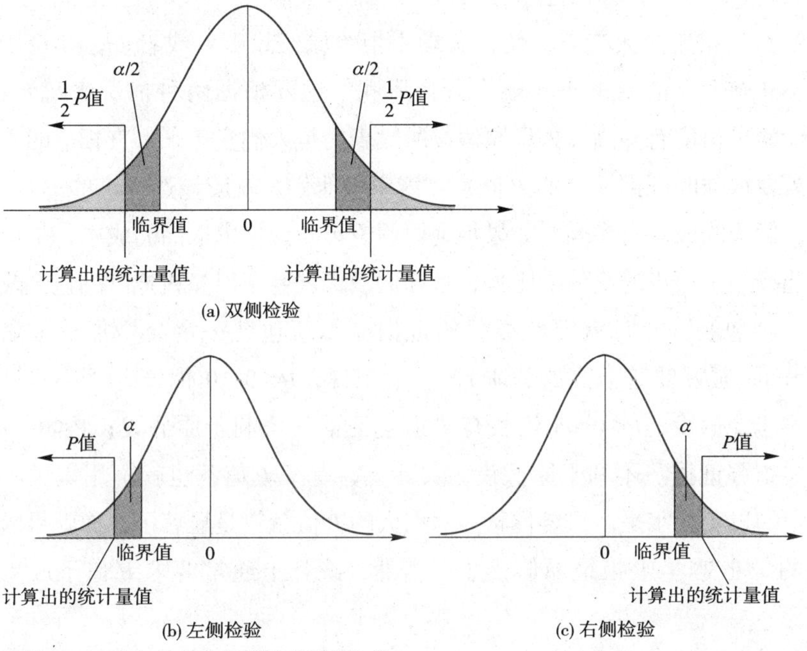

图 6.2　P 值与给定的显著性水平的比较

用 P 值进行决策的规则很简单：如果 $P<\alpha$，拒绝 H_0；如果 $P>\alpha$，不拒绝 H_0（双侧检验将两侧面积的总和定义为 P）. 利用 P 值进行决策需要注意以下几点.

（1）P 值是关于数据的概率，它与原假设的对或错的概率无关. 具体地说，P 值反映的是在某个总体的许多样本中某一类数据出现的经常程度，它是当原假设正确时，得到目前这个样本数据的概率. 比如，要检验全校学生的平均生活费支出是否等于 800 元，检验的假设为 H_0：$\mu=800$；H_1：$\mu\neq 800$. 假定抽出一个样本算出的样本均值 $\bar{x}=700$ 元，得到的 P 值为 0.02，这个 0.02 是指如果平均生活费支出真的是 800 元的话，那么，从该总体中抽出一个均值小于或等于 700 的样本的概率仅为 0.02. 如果你认为这个概率太小了，就可以拒绝原假设，因为如果原假设正确的话，几乎不可能抓到这样的一个样本，既然抓到了，就表明这样的样本不在少数，所以原假设是不对的. 显然，P 值越小，你拒绝原假设的理由就越充分.

（2）究竟确定多大的 P 才使你有理由拒绝原假设呢？或者说，要证明原假设不正确，P 值要多小才能令人信服呢？这要根据两种情况来确定：①原假设的可信度有多高？如果原假设所代表的是人们多年来一直相信的看法，就需要很强的证据（小的 P 值）才能说服他们，就应该选择小的 P 值. ②拒绝原假设的成本有多高？如果拒绝原假设可能会付出很高的成本，那么就需要选择一个更小的 P 值. 比如，备择假设代表要花很多钱把产品包装改换成另一种包装，此时就要有很强的证据显示新包装一定会增加销售量（因为拒绝原假设要花很高的成本）. 一般来说，$P<0.10$ 代表有"一些证据"不利于原假设；$P<0.05$ 代表有"适度证据"不利于原假设；$P<0.01$ 代表有"很强证据"不利于原假设. 实际上，有了 P 值，也就不用太关心事先给定的显著性水平. 只要你认为这么大的 P 值就算是显著了，你就可以在这样的 P 值水平上拒绝原假设了. 当然，统计上通常要求 P 值不应大于 0.1.

（3）P 值决策优于统计量决策. 与传统的统计量决策相比，P 值决策提供了更多的信息. 比如，根据事先确定的 α 进行决策时，只要统计量的值落在拒绝域，无论它在哪个位置，拒绝原假设的结论都是一样的（只能说犯第Ⅰ类错误的概率是 α）. 但实际上，统计量落在拒绝域不同的地方，实际的显著性是不同的. 比如，统计量落在临界值附近与落在远离临界值的地方，实际的显著性就有较大差异. 而 P 值给出的是根据实际统计量算出的显著性水平，它告诉我们实际的显著性水平是多少. 根据统计量决策，如果拒绝原假设，也仅仅是知道犯错误的可能性是 α 那么大，但究竟是多少却不知道. 而 P 值则是算出的犯第Ⅰ类错误的实际概率. 从图 6.3 可以容易看统计量决策与 P 值决策的差异.

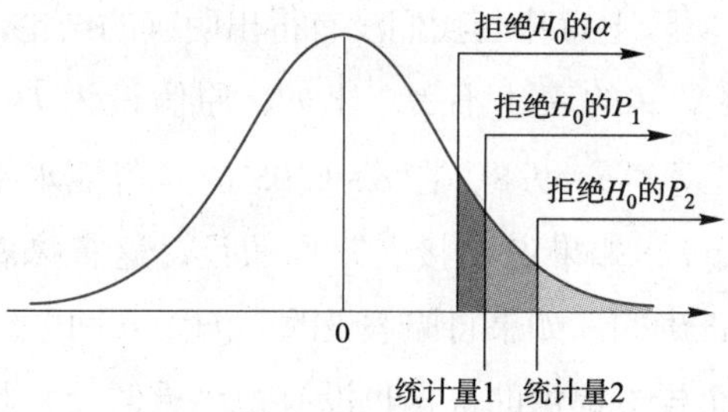

图 6.3 拒绝 H_0 的两个统计量的不同显著性

6.1.3 怎样表述决策结果

1. 假设检验不能证明原假设正确

假设检验的目的主要是收集证据拒绝原假设，而支持你所倾向的备择假设. 因为假设检验只提供不利于原假设的证据（证据的强弱取决于 P 值的大小）. 因此，当拒绝原假设时，表明样本提供的证据证明它是错误的，当没有拒绝原假设时，我们也没法证明它是正确的，因为假设检验的程序没有提供它正确的证据. 这与法庭上对被告的定罪类似：先假定被告是无罪的，除非你有足够的证据证明他是有罪的，否则法庭就不能认定被告有罪. 当证据不足时，法庭的裁决是"被告无罪"，但这时也没有证明被告就一定是清白的.

假设检验得出的结论都是根据原假设进行阐述的. 我们要么拒绝原假设, 要么不拒绝原假设. 当不能拒绝原假设时, 我们也不说"接受原假设", 因为没有证明原假设是真的 (如果采用"接受"原假设的说法, 则意味着你证明了原假设是正确的). 没有足够的证据拒绝原假设并不等于你已经"证明"了原假设是真的, 它仅仅意味着目前我们还没有足够的证据拒绝原假设, 只表示手头上这个样本提供的证据还不足以拒绝原假设. 比如, 在上面的例 6.2 中, 如果拒绝原假设, 就可以说该品牌洗涤剂的净含量与说明书所标识的不相符. 但如果不拒绝原假设, 只能说这个样本提供的证据还不足以证明净含量不是 500 g 或 500 g 以上, 这并不等于证明了净含量就超过了 500 g. "不拒绝"的表述方式实际上意味着我们没有得出明确的结论.

再举一个简单的例子说明"接受"的表述不妥. 比如, 原假设为 H_0: $\mu=10$, 从该总体中抽出一个样本, 得到 $\bar{x}=9.8$, 在 $\alpha=0.05$ 的显著性水平上, 样本提供的证据没有拒绝原假设, 如果说"接受"原假设, 这意味着样本提供的证据已经证明 $\mu=10$ 是正确的. 如果将原假设改为 H_0: $\mu=10.5$, 同样, 在 $\alpha=0.05$ 的水平上, 同一个样本提供的证据也没有拒绝原假设, 此时又说"接受"原假设. 但这两个原假设究竟哪一个是"真实的"呢? 况且 H_0 的真实值永远也无法知道 (要是知道了还检验干什么), 既然不知道总体参数的真实值是什么, 又怎么能证明它是什么呢? H_0 只是对总体参数的一个假定值, 由样本提供的信息也就自然无法证明它正确. 因此, 采用"不拒绝 H_0"的表述方法更合理一些, 因为这种表述意味着样本提供的证据不够强大, 因而没有足够的理由拒绝 H_0, 这并不等于已经证明原假设正确.

此外. 假设检验中通常是先确定显著性水平 α (至少在你的心目中有一个潜在的 α), 这就等于控制了犯第 I 类错误的概率, 但犯第 II 类错误的概率 β 却是不确定的. 在拒绝 H_0 时, 犯第 I 类错误的概率不超过给定的显著性水平 α, 当样本结果显示没有充分理由拒绝原假设时, 有时也难以确切知道第 II 类错误发生的概率. 因此, 在假设检验中采用"不拒绝 H_0"而不采用“接受 H_0”的表述方法，这在多数场合下便避免了第Ⅱ类错误发生的风险，因为“接受 H_0”所得结论可靠性将由第Ⅱ类错误的概率 β 来测量，而 β 的控制又相对复杂，有时甚至根本无法知道 β 的值（除非你能确切给出 β，否则就不宜表述成“接受”原假设）. 当然，不拒绝 H_0 并不意味着 H_0 为真的概率很高，它只是意味着拒绝 H_0 需要更多的证据.

2. 统计上显著不等于有实际意义

在假设检验中，拒绝原假设则称样本结果在“统计上是显著的；不拒绝原假设则称结果是“统计上不显著的”. “显著的”的含义在这里是指“非偶然的”，它表示这样的样本结果不是偶然得到的. 同样，结果是不显著的（没有充分证据拒绝原假设），则表明这样的样本结果很可能是偶然得到的. 比如说，在 $\alpha=0.05$ 的显著性水平上拒绝 H_0，表明在5%这么小的概率下，竟然能得到这样的一组样本数据，这说明这样的样本数据经常出现，而不是偶然抓到的，因而说样本检验的结果是显著的. 而没有拒绝原假设，在表明在5%这么小的概率下，没有抓到能拒绝原假设的一组样本数据，所以不拒绝原假设，因而称样本检验的结果是不显著的.

当然，在“显著”和“不显著”之间没有清楚的界限，只是在 P 值越来越小时，我们就有越来越强的证据而已. 0.049和0.051这两个 P 值并没有多少实质的差别，即使你非要把这种差别找出来（$0.051-0.049=0.002$），又有什么实质上的意义呢？退一步说，把这么小的差别找出来干什么呢？因此，在进行决策时，我们只能说 P 值越小，拒绝原假设的证据就越强，检验的结果也就越显著. 但 P 值很小而拒绝原假设时，并不一定意味着检验的结果就有实际意义，因为假设检验中所说的“显著”仅仅是“统计意义上的显著”. 也就是说，一个在统计上显著的结论在实际中却不见得就很重要，也不意味着就有实际意义.

6.2 总体均值的检验

在对总体均值进行假设检验时，采用什么检验统计量取决于所抽取的样本是大样本（$n\geqslant 30$）还是小样本（$n<30$），此外还需要考虑总体是否服从正态分布，总体方差 σ^2 是否已知等几种情况.

6.2.1 大样本的检验

在大样本情况下，样本均值的抽样分布近似服从正态分布，其抽样标准差为 $\sigma/\sqrt{n}$. 将样本均值 $\bar{x}$ 经过标准化后即可得到检验的统计量. 由于样本均值经标准化后服从标准正态分布，因而采用正态分布的检验统计量. 设假设的总体均值为 μ_0，当总体方差 σ^2 已知时，总体均值检验的统计量为

$$z=\frac{\bar{x}-\mu_0}{\sigma/\sqrt{n}}. \tag{6.2}$$

当总体方差 σ^2 未知时，可以用样本方差 s^2 来代替，此时总体均值检验的统计量为

$$z=\frac{\bar{x}-\mu_0}{s/\sqrt{n}}. \tag{6.3}$$

〔例 6.4〕一种罐装饮料采用自动生产线生产，每罐的容量是 255 mL，标准差为 5 mL. 为检验每罐容量是否符合要求，质检人员在某天生产的饮料中随机抽取 40 罐进行检验，测得每罐平均容量为 255.8 mL. 取显著性水平 $\alpha=0.05$，检验该天生产的饮料容量是否符合标准要求.

解　此时关心的是饮料容量是否符合要求，也就是 μ 是否为 255 mL，大于或小于 255 mL 都不符合要求，因而属于双侧检验问题. 提出的原假设和备择假设为

$$H_0:\mu=255,\ H_1:\mu\neq 255.$$

检验统计量为

$$z=\frac{255.8-255}{5/\sqrt{40}}=1.01.$$

检验统计量数值的含义是：样本均值与假设的总体均值相比，相差1.01个抽样标准误差. 利用Excel中的〔NORMSDIST〕函数[1]得到的双尾检验 $P=0.312945$，由于 $P>\alpha=0.05$，不拒绝原假设，表明样本提供的证据还不足以推翻原假设，因此没有证据表明该天生产的饮料不符合标准要求.

〔例6.5〕一种机床加工的零件尺寸绝对平均误差为1.35 mm. 生产厂家准备采用一种新的机床进行加工以期进一步降低误差. 为检验新机床加工的零件平均误差与旧机床相比是否有显著降低，从新机床生产的零件中随机抽取50个进行检验. 50个零件尺寸的绝对误差数据（单位：mm）如表6.1所示. 检验新机床加工的零件尺寸的平均误差与旧机床相比是否有显著降低（$\alpha=0.01$）？

表6.1　50个零件尺寸的绝对误差数据 4

1.26	1.19	1.31	0.97	1.81
1.13	0.96	1.06	1.00	0.94
0.98	1.10	1.12	1.03	1.16
1.12	1.12	0.95	1.02	1.13
1.23	0.74	1.50	0.50	0.59
0.99	1.45	1.24	1.01	2.03
1.98	1.97	0.91	1.22	1.06
1.11	1.54	1.08	1.10	1.64
1.70	2.37	1.38	1.60	1.26
1.17	1.12	1.23	0.82	0.86

解　这里关心的是新机床加工的零件尺寸的平均误差与旧机床相比是否有显著降低，也就是 μ 是否小于1.35，属于左侧检验. 提出的假设为

$$H_0: \mu \geqslant 1.35, \quad H_1: \mu < 1.35.$$

根据样本数据计算得 $\bar{x}=1.2152$，$s=0.365749$.

(1)〔NORMSDIST〕函数给出的是标准正态分布从 $-\infty$ 到 z 值的概率，用1减去该值即为单尾检验的 P 值，乘以2即双尾 P 值.

4 数据6-1

检验统计量为

$$z=\frac{1.2152-1.35}{0.365749/\sqrt{50}}=-2.6061.$$

根据统计量由 Excel 中的〔NORMSDIST〕函数可以计算出 $P=0.004579<\alpha$，拒绝原假设，结果表明新机床加工的零件尺寸的平均误差与旧机床相比有显著降低. 上面的决策过程可用下面的图 6.4 来表示.

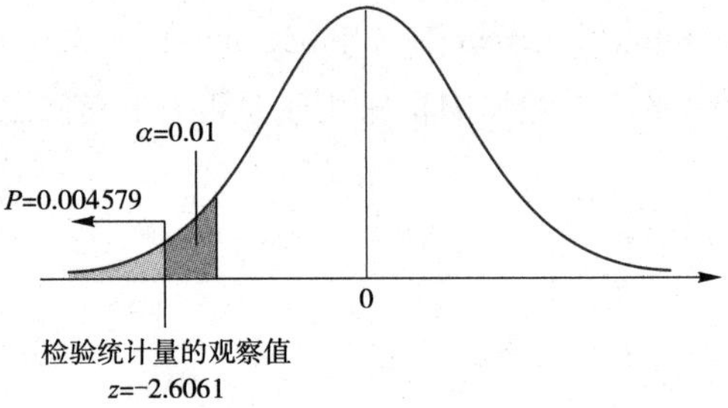

图 6.4　例 6.5 中的拒绝域和 P 值

〔例 6.6〕某一小麦品种的平均产量为每公顷（1 公顷 $=10^4\text{m}^2$）5200 kg. 一家研究机构对小麦品种进行了改良以期提高产量. 为检验改良后的新品种产量是否有显著提高，随机抽取 36 个地块进行试种，得到的样本平均产量为每公顷 5275 kg，标准差为每公顷 120 kg. 检验改良后的新品种产量是否有显著提高（$\alpha=0.05$）?

解　研究机构自然希望新品种产量能提高，因而也就想收集证据支持"产量有显著提高"的假设，也就是 $\mu>5200$，因此属于右侧检验. 提出的假设为

$$H_0: \mu\leqslant 5200, \quad H_1: \mu>5200.$$

检验统计量的为

$$z=\frac{5275-5200}{120/\sqrt{36}}=3.75.$$

由 Excel 中的〔NORMSDIST〕函数得 $P=0.000088$，拒绝原假设. 表明改良后的新品种产量有显著提高.

6.2.2　小样本的检验

在小样本（$n<30$）情形下，检验时首先假定总体服从正态分布[1]. 检验统计量的选择与总体方差是否已知有关.

当总体方差 σ^2 已知时，即使是在小样本情况下，样本均值经标准化后仍然服从标准正态分布，此时可按式（6.2）对总体均值进行检验.

当总体方差 σ^2 未知时，需要用样本方差 s^2 代替 σ^2，此时式（6.2）给出的检验统计量不再服从标准正态分布，而是服从自由度为 $n-1$ 的 t 分布. 因此需要采用 t 分布进行检验. 通常称之为"t 检验". 检验的统计量为

$$t=\frac{\bar{x}-\mu_0}{s/\sqrt{n}}. \tag{6.4}$$

〔例 6.7〕一种汽车配件的长度要求为 12 cm，高于或低于该标准均被认为是不合格的. 汽车生产企业在购进配件时，通常是经过招标，然后对中标的配件提供商提供的样品进行检验，以决定是否采购. 现对一个配件提供商提供的 10 个样本进行检验，结果如下（单位：cm）：

12.2　10.8　12.0　11.8　11.9　12.4　11.3　12.2　12.0　12.3　5

假定该供货商生产的配件长度服从正态分布，在 0.05 的显著性水平下，检验该供货商提供的配件是否符合要求？

解　依题意建立的原假设和备择假设为

$$H_0: \mu=12,\ H_1: \mu\neq 12.$$

根据样本数据计算得：$\bar{x}=11.89$，$s=0.4932$.

根据式（6.4）计算检验统计量为

(1) 如果无法确定总体是否服从正态分布，可以考虑将样本量增大到 30 以上，然后按大样本的方法进行检验. 当然也可以考虑使用非参数检验方法.

5 数据 6-2

$$t=\frac{11.89-12}{0.4932/\sqrt{10}}=-0.7053.$$

由 Excel 中的〔TDIST〕函数得到的双尾 $P=0.49847>\alpha$ 不拒绝原假设，没有证据表明该供货商提供的配件是不符合要求的.

上述检验结果也可以由 SPSS 直接给出，得到的结果如表 6.2 所示.

表 6.2　例 6.7 的检验结果

单个样本检验

	检验值 =12					
	t	df	Sig.（双侧）	均值差值	差分的 95% 置信区间	
					下限	上限
零件长度	-.705	9	.498	-.1100	-.463	.243

图 6.5 给出了一个总体均值检验的基本流程，作为不同情形下检验统计量选择的总结.

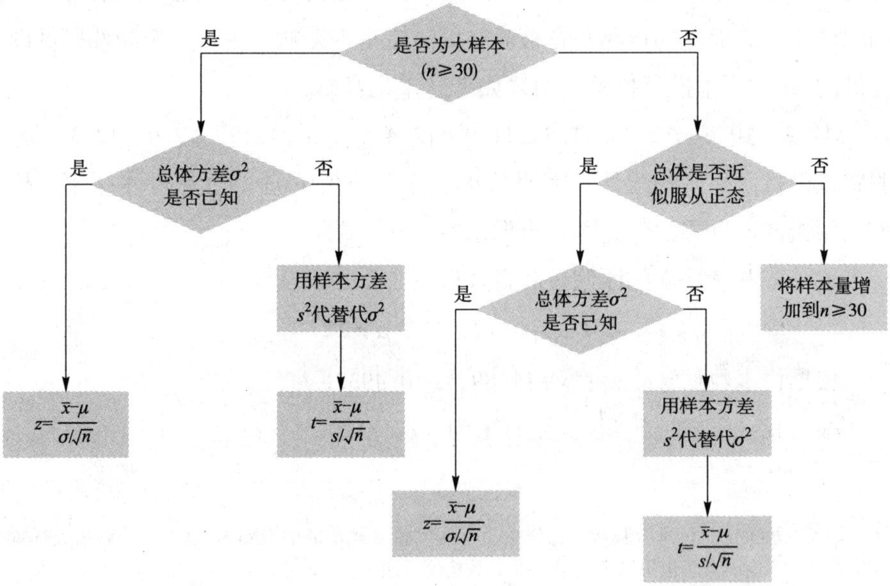

图 6.5　一个总体均值检验的基本流程

6.3　总体比例的检验

总体比例的检验程序与总体均值的检验类似，本节只介绍大样本[(1)]情形下的总体比例检验方法．在构造检验统计量时，仍然利用样本比例 p 与总体比例 π 之间的距离等于多少个标准差 σ_p 来衡量．由于在大样本情形下统计量 p 近似服从正态分布，而样本比例标准化后则近似服从标准正态分布，因此检验的统计量为

$$z=\frac{p-\pi_0}{\sqrt{\dfrac{\pi_0(1-\pi_0)}{n}}}. \tag{6.5}$$

〔例6.8〕一种以休闲和娱乐为主题的杂志，声称其读者群中有80%为女性．为验证这一说法是否属实，某研究部门抽取了由200人组成的一个随机样本，发现有146个女性经常阅读该杂志．分别取显著性水平 $\alpha=0.05$ 和 $\alpha=0.01$，检验该杂志读者群中女性的比例是否为80%？

解　研究机构想验证的是杂志社的说法是否属实，也就是读者中女性比例是否等于80%，因此提出的原假设和备择假设为

$$H_0:\ \pi=80\%,\ H_1:\ \pi\neq 80\%.$$

根据抽样结果计算得 $p=\dfrac{146}{200}=73\%$.

检验统计量为

$$z=\frac{0.73-0.8}{\sqrt{\dfrac{0.8(1-0.8)}{200}}}=-2.475.$$

利用 Excel 中的〔NORMSDIST〕函数得到双尾检验的 $P=0.013324$．显著性水平为0.05时，拒绝 H_0，样本提供的证据表明该杂志社的说法并不

(1) 总体比例检验时，确定样本量是否“足够大”的方法与总体比例的区间估计一样，参见第5章．

属实；显著性水平为 0.01 时，不拒绝 H_0，样本提供的证据表明尚不能推翻原假设，没有证据表明该杂志社的说法不属实. 这个例子表明，对于同一个检验，不同的显著性水平将会得出不同的结论. 这是自然的，请读者领悟其中的道理.

6.4 总体方差的检验

在生产和生活的许多领域，仅仅保证所观测到的样本均值维持在特定水平范围之内并不意味着整个过程就是正常的，方差的大小是否适度是需要考虑的另一个重要因素. 一个方差大的产品自然意味着其质量或性能不稳定. 相同均值的产品，方差小的自然要好些. 与总体方差的区间估计类似，一个总体方差的检验也是使用 χ^2 分布. 此外，总体方差的检验，不论样本量 n 是大还是小，都要求总体服从正态分布. 检验的统计量为

$$\chi^2=\frac{(n-1)s^2}{\sigma_0^2}. \tag{6.6}$$

对于给定的显著性水平 α，双侧检验的拒绝域如图 6.6 所示. 对于单侧检验，拒绝域在分布一侧的尾部.

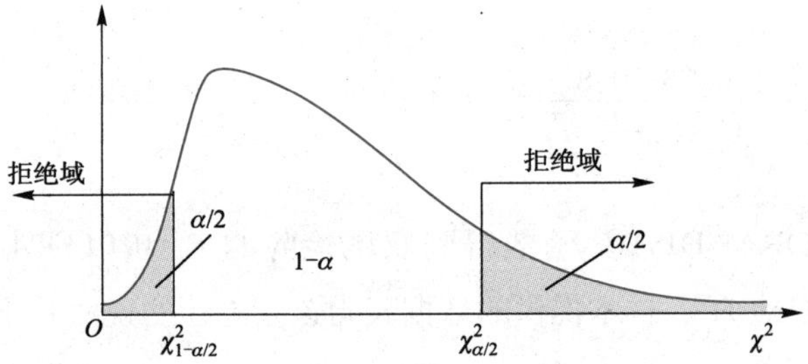

图 6.6 显著性水平为 α 时双侧检验的临界值和拒绝域

〔例6.9〕啤酒生产企业采用自动生产线灌装啤酒，每瓶的装填量（单位：mL）为640，但由于受某些不可控因素的影响，每瓶的装填量会有差异．此时，不仅每瓶的平均装填量很重要，装填量的方差 σ^2 同样很重要．如果 σ^2 很大，会出现装填量太多或太少的情况，这样，要么生产企业不划算，要么消费者不满意．假定生产标准规定每瓶装填量的标准差不应超过4．企业质检部门抽取了10瓶啤酒进行检验，得到的样本标准差为 $s=3.8$．试以0.05的显著性水平检验装填量的标准差是否符合要求？

解　依题意提出如下假设：

$$H_0:\ \sigma^2 \leqslant 4^2,\ H_1:\ \sigma^2 > 4^2.$$

检验统计量为

$$\chi^2=\frac{(10-1)\times 3.8^2}{4^2}=8.1225.$$

由 Excel 统计函数中的〔CHIDIST〕函数得到 χ^2 分布的右尾概率为0.52185，由于 $P=0.52185>0.05$．不拒绝原假设．即样本提供的证据还不足以推翻原假设，没有证据表明啤酒装填量的标准差不符合要求．

实际应用中，右侧检验是最为常见的总体方差检验形式，因为一般来说，在涉及时间、含量、尺寸等测度的场合，人们总是希望其变化幅度很小，也就是有较小的方差，大的方差往往不被接受．针对这种情况，通常将“总体方差大于某一最大容许值”作为备择假设，其对立面为原假设，再利用右侧检验的检验程序做出决策．

6 **主要术语**

假设	假设检验	原假设
备择假设	第 Ⅰ 类错误	第Ⅱ类错误
显著性水平	拒绝域	检验统计量
P 值		

软件应用

SPSS 应用

用 SPSS 进行一个总体均值的检验（小样本）

第 1 步：选择〔分析〕→〔比较均值—单样本 T 检验〕，进入主对话框.

第 2 步：将检验变量选入〔检验变量〕；在〔检验值〕框内输入假设值.

第 3 步：点击〔选项〕，选择所需的置信水平（隐含值为 95%）. 点击〔继续〕回到主对话框. 点击〔确定〕.

思考与练习

一、思考题

■ 6.1　解释原假设和备择假设.

■ 6.2　什么是标准化检验统计量？ 为什么
7 要对统计量进行标准化？

■ 6.3　怎样理解显著性水平？

■ 6.4　第Ⅰ类错误和第Ⅱ类错误分别是指什么？ 它们发生的概率大小之间存在怎样的关系？

■ 6.5　什么是 P 值？ 利用 P 值进行检验和利用统计量进行检验有什么不同？

■ 6.6　在假设检验中，为什么采取“不拒绝原假设”而不采取“接受原假设”的表述方式？

■ 6.7　为什么说假设检验不能证明原假设正确？

■ 6.8　样本量的大小与显著性有怎样的关系？

■ 6.9　怎样理解“统计上是显著的”？

■ 6.10　怎样理解统计显著性与实际显著性？

二、练习题

■ 6.1　某种矿泉水瓶子的标签上标明：每 100 mL 钙的含量≥400 μg.

（1）为验证这一标识是否属实，建立适当的原假设和备择假设；

（2）当拒绝原假设时，你会得到什么结论？

（3）当不能拒绝原假设时，你会得到什么结论？

■ 6.2　一项包括了 200 个家庭的调查显示，每个家庭每天看电视的平均时间为 7.25 小时，标准差为 2.5 小时. 据报道，10 年前每天每个家庭看电视的平均时间是 6.70 小时. 取显著性水平 $\alpha=0.01$，这个调查能否证明“如今每个家庭每天收看电视的平均时间增加了”？

■ 6.3　为监测空气质量，某城市环保部门每隔几周对空气烟尘质量进行一次随机测试. 已知该城市过去每立方米空气中悬浮颗粒的平均值是 82 μg. 在最近一段时间的检测中，每立方米空气中悬浮颗粒的数值如下（单位：μg）：

81.6	86.6	80.0	85.8	78.6	58.3	68.7	73.2
96.6	74.9	83.0	66.6	68.6	70.9	71.7	71.6
77.3	76.1	92.2	72.4	61.7	75.6	85.5	72.5
74.0	82.5	87.0	73.2	88.5	86.9	94.9	83.0

根据最近的测量数据，当显著性水平 $\alpha=0.01$ 时，能否认为该城市空气中悬浮颗粒的平均值显著低于过去的平均值？

■ 6.4　安装在一种联合收割机的金属板的平均重量为 25 kg. 对某企业生产的 20 块金属板进行测量，得到的重量数据如下：

6 名词解释　**7** 数据 6-3

22.6	26.6	23.1	23.5
27.0	25.3	28.6	24.5
26.2	30.4	27.4	24.9
25.8	23.2	26.9	26.1
22.2	28.1	24.2	23.6

假设金属板的重量服从正态分布，在 $\alpha=0.05$ 显著性水平下，检验该企业生产的金属板是否符合要求？ 8

■ 6.5　在对消费者的一项调查表明，17%的人早餐饮料是牛奶．某城市的牛奶生产商认为，该城市的人早餐饮用牛奶的比例更高．为验证这一说法，生产商随机抽取一个 550 人的样本，其中 115 人早餐饮用牛奶．在 $\alpha=0.05$ 显著性水平下，检验该生产商的说法是否属实？

网上更多：

知识导图　　基本公式　　教学 PPT　　……

8 数据 6-4

第7章 类别变量分析

我们是无知的，所以让我们学习吧！ ——Karl Pearson

开篇案例：男孩子更喜欢玩游戏吗？

大学生在课余生活中花多少时间玩游戏？中国人民大学某学院的 3 名学生以全校本科生为对象做了问卷调查. 其中的一个问题是：“您每周花在游戏上的时间大约是多少？” A. 5 小时以下，B. 5 ~ 15 小时，C. 15 ~ 25 小时，D. 25 小时以上. 被调查者涵盖大一、大二、大三和大四四个年级的学生，共发出问卷 130 份，其中按宿舍随机发放 100 份问卷，网上发放 30 份问卷，回收有效问卷 124 份. 调查结果的汇总表如下.

游戏时间	男	女	合计
5 小时以下	17	31	48
5 ~ 15 小时	25	17	42
15 ~ 25 小时	20	4	24
25 小时以上	7	3	10
合计	69	55	124

根据上面的数据，你认为玩游戏时间的多少与性别有关系吗？这里涉及两个类别变量，一个是游戏时间，一个是性别. 如何来检验两个类别变量之间是否存在关系呢？学完本章内容就很容易解决这样的问题.

在分析实际问题时，常常遇到类别变量，如性别、产品的品牌、消费者的偏好等. 类别变量的取值是各个类别，对这些类别通常是对其频数进行观察和分析. 类别变量的分析就是根据各类别的频数利用 χ^2 分布进行分析，因此也称为 χ^2 检验，内容包括 χ^2 拟合优度检验和 χ^2 独立性检验等. 1

7.1 一个类别变量的拟合优度检验

当只研究一个类别变量时，可利用 χ^2 检验来判断各类别的观察频数与某一期望频数是否一致. 比如，各月份的产品销售量是否符合均匀分布，不同地区的离婚率是否有显著差异，等等，这就是 **χ^2 拟合优度检验**. 该检验是利用 χ^2 统计量来判断某个类别变量各类别的观察频数分布与某一理论频数或期望分布是否一致，它也可用于判断各类别的观察频数分布是否符合某一理论分布，如正态分布或泊松分布等.

7.1.1 期望频数相等

为更好地理解拟合优度检验，还是先看一个例子.

〔例 7.1〕 为研究消费者对不同品牌的牛奶是否有明显偏好，一家调查公司抽样调查了 500 个消费者对 4 种品牌的偏好情况，得到的结果如表 7.1 所示.

表 7.1 500 个消费者对不同品牌牛奶的偏好数据 2

偏好的品牌	人数
A	150
B	180
C	90
D	80
合计	500

1 统计英语 2 数据 7-1

表 7.1 中的牛奶品牌就是类别变量，共有 4 个类别，每个类别的偏好人数称为**观察频数**，即类别变量各取值的实际频数. 如果消费者对各品牌没有明显偏好，则各观察频数理论上应该相等或近似相等，即不同品牌牛奶的消费者人数都是 125（500/4）人，这就是各类别的**期望频数**. 如果调查者想分析消费者对不同品牌牛奶的偏好是否有显著差异，实际上也就是检验观察频数与期望频数是否一致，因此，拟合优度检验也称为**一致性检验**. 这种检验所使用的就是 χ^2 分布. 统计学家皮尔逊于 1900 年就提出了 χ^2 检验，因此，
3 拟合优度检验所使用的统计量也称为 Pearson χ^2. 其计算公式为

$$\chi^2=\sum\frac{(f_o-f_e)^2}{f_e}, \tag{7.1}$$

式中：f_o 为观察频数，f_e 为期望频数，该统计量服从自由度为 $k-1$ 的 χ^2 分布，k 为类别个数. 如果统计量 χ^2 等于 0，表明观察频数与期望频数完全一致；如果显著不等于 0，则表明观察频数与期望频数之间存在显著差异，χ^2 值越大差异就越显著.

下面我们来检验消费者对牛奶品牌的偏好是否有显著差异（$\alpha=0.05$）. 具体步骤如下：

第 1 步：提出假设.

H_0：观察频数与期望频数无显著差异（无明显偏好）

H_1：观察频数与期望频数有显著差异（有明显偏好）

第 2 步：计算检验统计量 χ^2. 如果消费者对牛奶品牌的偏好无显著差异，意味着各期望频数相等，即不同品牌的期望频数均为 125. 统计量 χ^2 的计算过程如表 7.2 所示.

表 7.2　例 7.1 的 χ^2 统计量计算

品牌	观察频数 f_o	期望频数 f_e	$(f_o-f_e)^2/f_e$
A	150	125	5.0
B	180	125	24.2

3 皮尔逊小传

续表

品牌	观察频数 f_o	期望频数 f_e	$(f_o - f_e)^2 / f_e$
C	90	125	9.8
D	80	125	16.2
合计	500	500	55.2

第3步：做出决策．由于自由度为 $4-1=3$，根据 Excel 中的〔CHIDIST〕函数计算的 χ^2 统计量的 P 值（右尾概率）为 6.22366E−12，由于 P 值接近于0．拒绝原假设，表明消费者对牛奶品牌的偏好有显著差异．

使用 SPSS 可以直接给出上述检验结果，如表7.3和表7.4所示．

表7.3　消费者品牌偏好的拟合优度检验（一）

品牌	观察数	期望数	残差
D	80	125.0	−45.0
C	90	125.0	−35.0
A	150	125.0	25.0
B	180	125.0	55.0
总数	500	500	

表7.4　消费者品牌偏好的拟合优度检验（二）

检验统计量

	人数
卡方	55.200[a]
df	3
渐近显著性	.000

a. 0个单元（.0%）具有小于5的期望频率．单元最小期望频率为125.0．

表7.3给出了按从小到大排序的各品牌的观察频数、相应的期望频数以及观察频数与期望频数的差值．表7.4给出了 χ^2 统计量的值、自由度和近

皮尔逊

似的显著性水平．由于 P 值接近于 0．拒绝原假设，表明消费者对牛奶品牌的偏好有显著差异．

7.1.2 期望频数不等

在例 7.1 中，各类别的期望频数是相等的．当各类别的期望频数不相等时，也可以进行拟合优度检验，这就需要先计算出各类别的期望频数．

〔例 7.2〕一项针对全国的住房价格调查表明，城镇居民对房价表示非常不满意的占 15%，不满意的占 45%，一般的占 25%，满意的占 9%，非常满意的占 6%．为研究一线大城市的居民对住房价格的满意程度，一家研究机构在某城市抽样调查 300 人，其中的一个问题是："您对目前的住房价格是否满意?"调查共设非常不满意、不满意、一般、满意、非常满意 5 个选项．调查结果的频数分布如表 7.5 所示．检验该城市居民对住房价格满意度评价的频数与全国的调查频数是否一致（α=0.05）．

表 7.5 某城市居民对住房价格满意度评价的频数分布

4

回答类别	人数
非常不满意	36
不满意	126
一般	81
满意	30
非常满意	27
合计	300

解 第 1 步：提出假设．

H_0：该城市居民对住房价格的评价频数与全国的评价频数没有显著差异

H_1：该城市居民对住房价格的评价频数与全国的评价频数有显著差异

第 2 步：计算期望频数和检验统计量．

由于全国的调查比例（即期望比例）是已知的，但期望频数需要计算．

4 数据 7-2

如果该城市居民的满意度评价与全国一样的话，那么，在所调查的300人中，各回答类别的观察频数所占的比例与全国的期望比例应该一致. 因此，用期望比例乘以总的观察频数（即样本量）即得期望频数. 计算结果如表7.6所示.

表7.6　某城市居民对住房价格满意度评价的期望频数

回答类别	观察频数	期望比例%	期望频数=期望比例×样本量
非常不满意	36	15	0.15×300=45
不满意	126	45	0.45×300=135
一般	81	25	0.25×300=75
满意	30	9	0.09×300=27
非常满意	27	6	0.06×300=18
合计	300	100	300

有了期望频数就可以计算检验的χ^2统计量了，结果如表7.7所示.

表7.7　某城市居民对住房价格满意度评价的检验统计量

回答类别	观察频数f_o	期望频数f_e	$(f_o-f_e)^2/f_e$
非常不满意	36	45	1.800
不满意	126	135	0.600
一般	81	75	0.480
满意	30	27	0.333
非常满意	27	18	4.500
合计	300	300	7.713

第3步：做出决策. 由于自由度为$5-1=4$，根据Excel中的〔CHIDIST〕函数计算的χ^2统计量的P值（右尾概率）为0.102662，由于P值大于0.05，不拒绝原假设，没有证据表明该城市居民对住房价格满意度的评价与全国有显著差异.

SPSS输出的检验结果如表7.8和表7.9所示.

表 7.8　某城市居民对住房价格满意度评价的拟合优度检验（一）

	观察数	期望数	残差
非常满意	27	18.0	9.0
满意	30	27.0	3.0
非常不满意	36	45.0	-9.0
一般	81	75.0	6.0
不满意	126	135.0	-9.0
总数	300		

表 7.9　某城市居民对住房价格满意度评价的拟合优度检验（二）

检验统计量

	人数
卡方	7.713[a]
df	4
渐近显著性	.103

a. 0 个单元（.0%）具有小于 5 的期望频率. 单元最小期望频率为 18.0.

表 7.9 给出的检验统计量及其显著性水平与上面的计算结果一致.

7.2　两个类别变量的独立性检验

对于两个类别变量，主要是判断两个变量是否独立，这就是 χ^2 独立性检验.

7.2.1　列联表与 χ^2 独立性检验

如果研究的是两个类别变量，每个变量有多个类别，通常将两个变量多个类别的频数用交叉表的形式表示出来. 其中一个变量放在行的位置，称为行变量，其类别数（行数）用 r 表示；另一个变量放在列的位置，称为列变量，其类别数（列数）用 c 表示．这种由两个类别变量交叉分类的频数分布表称为**列联表**．一个由 r 行和 c 列组成的列联表也称为 $r\times c$ 列联表．例如，本章开头的案例中，行变量“游戏时间”有四个类别，列变量“性别”有两个类别，这就是一个 4×2 列联表．

对列联表中的两个类别变量进行分析，通常是判断两个变量是否独立．该检验的原假设是：两个变量独立（无关），如果原假设被拒绝，则表明两个变量不独立，或者说两个变量相关．χ^2 独立性检验的统计量为

$$\chi^2=\sum\sum\frac{(f_o-f_e)^2}{f_e}, \tag{7.2}$$

式中：f_o 为观察频数，f_e 为期望频数，期望频数的计算公式见式（7.4）．该统计量服从自由度为 $(r-1)(c-1)$ 的 χ^2 分布，r 为行数，c 为列数．

下面通过一个例子来说明 χ^2 独立性检验的具体计算过程．

〔例 7.3〕 利用本章开头关于大学生玩游戏情况调查的数据，能否认为 5
玩游戏的时间与性别独立（$\alpha=0.05$）？

解　第 1 步：提出假设．

H_0：游戏时间与性别独立

H_1：游戏时间与性别不独立

第 2 步：计算期望频数和检验统计量．

要计算出检验统计量，关键是计算出期望频数．如果两个变量独立，两个变量各类别交叉项的概率可根据独立事件的概率乘法公式求得．

设给定单元格所在行的合计频数为 RT，所在列的合计频数为 CT，任意给定单元格（比如第 i 行第 j 列的单元格 r_ic_j）的概率为

$$P(r_ic_j)=P(r_i)\times P(c_j)=\left(\frac{RT}{n}\right)\times\left(\frac{CT}{n}\right). \tag{7.3}$$

用式（7.3）乘总观察频数（即样本量 n），则可以得到任意单元格的期望频数为：

$$f_e=\left(\frac{RT}{n}\right)\times\left(\frac{CT}{n}\right)\times n. \tag{7.4}$$

5 数据 7-3

比如，第 1 个单元格的期望频数为

$$f_1=\left(\frac{48}{124}\right)\times\left(\frac{69}{124}\right)\times 124=26.7.$$

按上述步骤计算的各单元格的期望频数如表 7.10 所示.

表 7.10　游戏时间与性别的期望频数计算表

游戏时间	男	女	合计
5 小时以下	17 (26.7)	31 (21.3)	48
5～15 小时	25 (23.4)	17 (18.6)	42
15～25 小时	20 (13.4)	4 (10.6)	24
25 小时以上	7 (5.6)	3 (4.4)	10
合计	69	55	124

注：表中用括号给出的是期望频数.

根据式（7.2）将每个单元格的$(f_o-f_e)^2/f_e$加起来，即可得到χ^2统计量：

$$\chi^2=\frac{(17-26.7)^2}{26.7}+\frac{(31-21.3)^2}{21.3}+\frac{(25-23.4)^2}{23.4}+\frac{(17-18.6)^2}{18.6}+\frac{(20-13.4)^2}{13.4}+\frac{(4-10.6)^2}{10.6}+\frac{(7-5.6)^2}{5.6}+\frac{(3-4.4)^2}{4.4}$$

$$=16.504.$$

第 3 步：做出决策. 由于自由度为$(4-1)\times(2-1)=3$，根据 Excel 中的〔CHIDIST〕函数计算的χ^2统计量的 P 值为 0.00089. 由于 P 值小于 0.05，拒绝原假设，游戏时间与性别不独立，或者说，游戏时间的多少与性别有关.

由 SPSS 输出的χ^2独立性检验结果如表 7.11 和表 7.12 所示.

表7.11　游戏时间与性别的期望频数

游戏时间 * 性别 交叉制表

			性别		合计
			男	女	
游戏时间	5 小时以下	计数	17	31	48
		期望的计数	26.7	21.3	48.0
	5～15 小时	计数	25	17	42
		期望的计数	23.4	18.6	42.0
	15～25 小时	计数	20	4	24
		期望的计数	13.4	10.6	24.0
	25 小时以上	计数	7	3	10
		期望的计数	5.6	4.4	10.0
合计		计数	69	55	124
		期望的计数	69.0	55.0	124.0

表7.12　游戏时间与性别的χ^2独立性检验

卡方检验

	值	df	渐进 Sig.（双侧）
Pearson 卡方	16.504[a]	3	.001
似然比	17.382	3	.001
有效案例中的 N	124		

a. 1 单元格（12.5%）的期望计数少于 5. 最小期望计数为 4.44.

7.2.2　应用χ^2检验应注意的问题

在应用χ^2检验时，要求样本量应足够大，特别是每个单元格的期望频数不能太小，否则应用χ^2检验可能会得出错误的结论. 从χ^2统计量的公式可以看出，期望频数f_e在公式的分母上，如果某个单元格的期望频数过小，χ^2统计量的值就会变大，从而导致拒绝原假设. 因此，应用χ^2检验时对单元格的期望频数有以下要求.

第一，如果仅有两个单元格，单元格的最小期望频数不应小于 5. 否则不能进行χ^2 检验.

第二，单元格在两个以上时，期望频数小于 5 的单元格不能超过总格子数的 20% ，否则不能进行χ^2 检验. 如果出现期望频数小于 5 的单元格超过 20% ，可以采取合并类别的办法来解决这一问题.

在上面的例 7. 3 中，只有一个单元格的期望频数小于 5，占总格子数的 12. 5% . 因此，可以进行χ^2 检验. SPSS 输出的结果中会标注期望频数的情况. 比如，在表 7. 12 的输出结果中，单元格（12. 5% ）的期望计数少于 5，最小期望计数为 4. 44.

7. 3　两个类别变量的相关性度量

如果χ^2 独立性检验拒绝了原假设，则表明两个变量不独立，这意味着它们之间存在一定的相关. 这时，可以进一步测度它们之间的关联程度，使用的统计量主要有 φ 系数、Cramer's V 系数、列联系数等.

7. 3. 1　φ 系数和 Cramer's V 系数

1. φ 系数

φ 系数主要用于 2×2 列联表的相关性测量. 计算公式为

$$\varphi=\sqrt{\frac{\chi^2}{n}}, \tag{7.5}$$

式中：χ^2 是按式（7. 2）计算出的χ^2 值，n 为列联表的总频数，即样本量.

对于 2×2 列联，φ 系数的取值范围在 0 ~ 1 之间. φ 越接近 1，表明两个变量之间的关系越强，越接近 0 表明关系越弱. 但是，当列联表的行数或列数大于 2 时，φ 系数会随着行数或列数是增加而变大，而且没有上限. 这时，φ 系数的含义不容易解释.

例如，根据例 7. 3 的计算结果，得到的游戏时间与性别两个变量之间的

φ 系数为：

$$\varphi=\sqrt{\chi^2/n}=\sqrt{16.504/124}=0.3648.$$

由于 φ 的值不是很大，但表明游戏时间与性别存在相关关系．这与例 7.3 χ^2 独立性检验的结论是一致的．

2. Cramer's V 系数

Cramer's V 系数是由 Cramer 提出来的．计算公式为

$$V=\sqrt{\frac{\chi^2}{n\times\min[(r-1),(c-1)]}},\tag{7.6}$$

式中：χ^2 是按式（7.2）计算出的 χ^2 值，n 为列联表的总频数，即样本量，r 为行数，c 为列数，$\min[(r-1),(c-1)]$ 表示（$r-1$）和（$c-1$）中较小的一个．

Cramer's V 系数的取值范围总是在 0～1 之间．当两个变量独立时，$V=0$；当两个变量完全相关时，$V=1$．如果列联表的行数或列数中有一个为 2，Cramer's V 系数就等于 φ 系数．例如，根据例 7.3 的计算结果，得到游戏时间与性别两个变量之间的 Cramer's V 系数为 $V=\sqrt{16.504/124\times(2-1)}=0.3648$，与 φ 系数一致．

7.3.2　列联系数

列联系数主要用于大于 2×2 列联表的相关性测量，用 C 表示．计算公式为

$$C=\sqrt{\frac{\chi^2}{\chi^2+n}}.\tag{7.7}$$

从式（7.7）可以看出，列联系数不可能大于 1．当两个变量独立时，$C=0$，但即使两个变量完全相关，列联系数也不可能等于 1，因此，对列联系数含义的解释就不够方便．例如，根据例 7.3 的计算结果得到的列联系数为

$$C=\sqrt{16.504/(16.504+124)}=0.3427.$$

上述 3 个相关性测量的系数均可以由 SPSS 直接输出，结果如表 7.13 所示.

表 7.13　游戏时间与性别的相关性测量

对称度量

		值	近似值 Sig.
按标量标定	φ	.365	.001
	Cramer 的 V	.365	.001
	相依系数	.343	.001
有效案例中的 N		124	

相关性测量的 3 个系数的显著性检验结果均显著，表明游戏时间与性别两个变量不独立，它们之间存在相关性.

主要术语

χ^2 拟合优度检验	列联表
χ^2 独立性检验	φ 系数
Cramer's V 系数	列联系数

软件应用

SPSS 应用

用 SPSS 进行 χ^2 拟合优度检验（期望频数相等）

首先，指定“频数”变量：点击〔数据〕→〔加权个案〕，选择〔加权个案〕，将“频数”选入〔频数变量〕，点击〔确定〕，然后按下列步骤操作.

第1步：选择〔分析〕→〔非参数检验〕→〔卡方〕，进入主对话框.

第2步：将频数变量选入〔检验变量列表〕. 点击〔确定〕.

用 SPSS 进行 χ^2 拟合优度检验（期望频数不相等）

首先，要对各类别的观察频数按从小到大排列，然后再指定“频数”变量，之后按下列步骤操作.

第1步：选择〔分析〕→〔非参数检验〕→〔卡方〕，进入主对话框.

第2步：将频数变量选入〔检验变量列表〕.

第3步：在〔期望值〕下选择〔值〕，并将相应的期望比例依次输入到框内并点击〔增加〕（每次只能输入1个，并点击〔增加〕，然后再输入另一个，再点击〔增加〕，依次类推）. 点击〔确定〕.

用 SPSS 进行 χ^2 独立性检验

使用 SPSS 进行检验时，需要将列联表数据转换为原始数据形式，然后按下列步骤操作.

第1步：选择〔分析〕→〔描述统计-交叉表〕，进入主对话框.

第2步：将行变量选入〔行〕，将列变量选入〔列〕（行列可以互换）.

第3步：点击〔统计量〕并选中〔卡方〕，点击〔继续〕返回主对话框；点击〔单元格〕，在〔计数〕下选中〔期望值〕，点击〔继续〕返回主对话框. 点击〔确定〕. 6

（注：在使用 SPSS 进行 χ^2 独立性检验时，点击〔统计量〕，并在〔名义〕下选中〔相依系数〕和〔Phi 和 Cramer 变量〕，可以得到相关性测量的统计量.）

思考与练习

一、思考题

■ 7.1 说明 χ^2 拟合优度检验和独立性检验的用途.

■ 7.2 举出几个可以用列联表表示的类别变量的例子.

■ 7.3 测度两个类别变量相关性的统计量有哪些？ 它们有什么不同？

二、练习题

■ 7.1 一家食品生产企业想了解过去一年中的销售量是否符合均匀分布，以便更好地安排生产. 企业的市场销售部门调查了某地区过去一年中每个月的销售量（单位：箱），得到如下数据：

月份	销售量
1	1660
2	1600
3	1560
4	1490
5	1380
6	1620
7	1580
8	1680
9	1550
10	1370
11	1410
12	1610

7

6 名词解释　7 数据 7-4

检验各月份的销售量是否符合均匀分布？（α=0.05）

■ 7.2　一家电视台为了解观众对某档娱乐节目的喜欢程度，对不同年龄段的男女观众进行了调查，得到喜欢该档娱乐节目的观众比例（单位：%）如下：

8

年龄段	男性	女性
20 岁以下	6	8
20～30 岁	25	32
30～40 岁	16	15
40～50 岁	12	12
50 岁以上	5	6

能否认为男性观众喜欢该档娱乐节目的比例和女性一致？（α=0.05）

■ 7.3　为研究上市公司对其股价波动的关注程度，一家研究机构对在主板、中小板和创业板上市的 190 家公司进行了调查，得到如下信息：

9

上市公司的类型	关注	不关注
主板企业	50	70
中小板企业	30	15
创业板企业	20	5

检验上市公司的类型与对股价波动的关注程度是否有关？（α=0.05）

■ 7.4　为分析不同地区的消费者与所购买的汽车价格是否有关，一家汽车企业的销售部门对东部地区、中部地区和西部地区的 400 个消费者作了抽样调查，得到如下结果：

10

汽车价格	东部地区	中部地区	西部地区
10 万元以下	20	40	40
10～20 万元	50	60	50
20～30 万元	30	20	20
30 万元以上	40	20	10

检验不同地区与消费者购买的汽车价格是否有关？（α=0.05）

■ 7.5　计算 7.3 题中上市公司的类型与对股价波动的关注程度两个变量之间的 φ 系数、Cramer's V 系数和列联系数，并分析其相关程度.

■ 7.6　计算 7.4 题中不同地区与消费者购买的汽车价格两个变量之间的 φ 系数、Cramer's V 系数和列联系数，并分析其相关程度.

网上更多：

知识导图　　基本公式　　教学 PPT　　……

8 数据 7-5　　9 数据 7-6　　10 数据 7-7

第8章

相关与回归分析

好的模型选择可遵循一个称为奥克姆剃刀（Occam's Razor）的基本原理：最好的科学模型往往最简单，且能解释所观察到的事实.

——William Navidi

开篇案例：子代与父代一样吗？

高尔顿（Galton）被誉为现代回归和相关技术的创始人. 1875 年，高尔顿利用豌豆实验来确定遗传规律. 他挑选了 7 组不同尺寸的豌豆，并说服他在英国不同地区的朋友每一组种植 10 粒种子，最后把原始的豌豆种子
1 （父代）与新长的豌豆种子（子代）进行尺寸比较.

当结果出来之后，他发现并非每一个子代都与父代一样，不同的是，尺寸小的豌豆会得到更大的子代，而尺寸大的豌豆却得到较小的子代. 高尔顿把这一现象叫做“返祖”（趋向于祖先的某种平均类型），后来又称之为“向平均回归”. 一个总体中在某一时期具有某一极端特征（低于或高于总体均值）的个体在未来的某一时期将减弱它的极端性（或者是单个个体或者是整个子代），这一趋势现在被称作“回归效应”. 人们发现它的应用很广，而不仅限于从一代到下一代豌豆大小问题.

高尔顿进一步发现，平均来说，非常矮小的父辈倾向于有偏高的子代；而非常高大的父辈则倾向于有偏矮的子代. 在第一次考试中成绩最差的那些学生在第二次考试中倾向于有更好的成绩（比较接近所有学生的平均成绩），而第一次考试中成绩最好的那些学生在第二次考试中则倾向于有较差的成绩（同样比较接近所有学生的平均成绩）. 同样，平均来说，第一年利润最低的公司第二年不一定会最差，而第一年利润最高的公司第二年则不一定会是最好的.

如果把父代和子代看作两个变量，找出这两个变量的关系，并根据这种关系建立适当的数学模型，就可以根据父代的数值预测子代的取值，这就是经典的回归方法要解决的问题. 学完本章的内容你会对回归问题有更深入的理解.

1 高尔顿小传

研究某些实际问题时往往涉及多个变量. 在这些变量中, 有一个变量是研究中特别关注的, 称为响应变量, 而其他变量则看成是影响这一变量的因素, 称为解释变量. 假定响应变量与解释变量之间有某种关系, 并把这种关系用适当的数学模型表达出来, 那么, 就可以利用这一模型根据给定的解释变量来预测响应变量, 这就是回归要解决的问题. 在回归分析中, 只涉及一个解释变量时称为一元回归, 涉及多个解释变量时则称为多元回归. 如果响应变量与解释变量之间是线性关系, 则称为线性回归; 如果响应变量与解释变量之间是非线性关系则称为非线性回归. 本章主要介绍一元线性回归分析. 2

8.1　变量间关系的度量

建立回归模型时, 首先需要考察变量之间的关系. 分析变量之间的关系需要解决下面的问题: (1) 变量之间是否存在关系? (2) 如果存在, 它们之间是什么样的关系? (3) 变量之间的关系强度如何? (4) 样本所反映的变量之间的关系能否代表总体变量之间的关系?

8.1.1　变量间是什么样的关系

子女的身高与其父母身高有关系吗? 一个人的收入水平同他的受教育程度有关系吗? 商品的销售额与广告费用支出有关系吗? 如果有, 又是什么样的关系? 怎样来度量它们之间关系的强弱呢?

从统计角度看, 变量之间的关系大体上可分为三种类型, 即函数关系、相关关系和无明显相关关系. 函数关系是人们比较熟悉的. 设有两个变量 x 和 y, 变量 y 随变量 x 一起变化, 并完全依赖于 x, 当 x 取某个值时, y 依确定的关系取相应的值, 则称 y 是 x 的函数, 记为 $y=f(x)$.

在实际问题中, 有些变量间的关系并不像函数关系那么简单. 例如, 家

2 统计英语

高尔顿

庭储蓄与家庭收入这两个变量之间就不存在完全确定的关系. 也就是说，收入水平相同的家庭，它们的储蓄额往往不同，而储蓄额相同的家庭，它们的收入水平也可能不同. 这意味着家庭储蓄并不能完全由家庭收入一个因素所确定，还有银行利率、消费水平等其他因素的影响. 正是由于影响一个变量的因素有多个，才造成了它们间关系的不确定性. 变量之间这种不确定的关系称为**相关关系**.

相关关系的特点是：一个变量的取值不能由另一个变量唯一确定，当变量 x 取某个值时，变量 y 的取值可能有多个，或者说，当 x 取某个固定的值时，y 的取值对应着一个分布.

例如，子女的身高（y）与其父亲身高（x）的关系. 从遗传学角度看，父亲身高较高时，其子女的身高一般也比较高. 但实际情况并不完全是这样，因为子女的身高并不完全是由父亲身高一个因素决定，还有其他许多因素的影响，因此二者之间属于相关关系. 这意味着身高相同的父亲其子女身高的取值有多个，即父亲身高取某个值时，子女身高对应着一个分布.

再比如，一个人的收入（y）水平同他受教育程度（x）的关系. 收入水平相同的人，他们受教育的程度也可能不同，而受教育程度相同的人，他们的收入水平也往往不同. 因为收入水平虽然与受教育程度有关系，但它并不是决定收入的唯一因素，还有职业、工作年限等诸多因素的影响，二者之间是相关关系. 因此，当受教育程度取某个值时，收入的取值则对应着一个分布.

8.1.2　用散点图描述相关关系

描述相关关系的一个常用工具就是**散点图**. 对于两个变量 x 和 y，散点图是在二维坐标中画出它们的 n 对数据点（x_i，y_i），并通过 n 个点的分布、形状及远近等判断两个变量之间有没有关系、有什么样关系及大体的关系强度等. 图 8.1 就是不同形态的散点图.

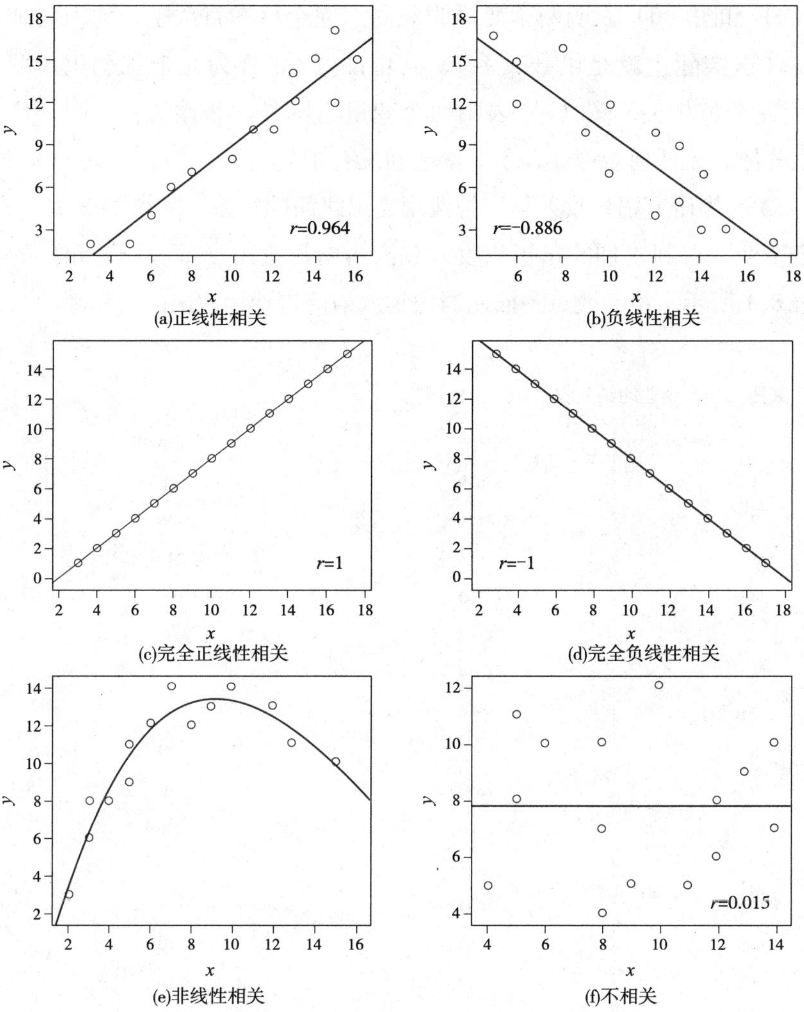

图 8.1　不同形态的散点图

从图 8.1 可以看出，图（a）和图（b）是典型的线性相关关系形态，两个变量的观测点分布在一条直线周围，其中图（a）表明一个变量的数值增加，另一个变量的数值也随之增加，因而称为**正线性相关**. 图（b）表明一个变量的数值增加，另一个变量的数值则随之减少，因而称为**负线性相关. 图（c）和图（d）表明两个变量的观测点完全落在直线上，称为**完全线性相关**（这实际上就是函数关系），其中图（c）称为完全正相关，图（d）称为完全负相关. 图（e）表明两个变量之间是非线性关系. 图（f）观测点很分散，无任何规律，表示变量之间没有相关关系.

〔例 8.1〕为研究销售收入与广告费用支出之间的关系，随机抽取 20 家药品生产企业，得到它们的年销售收入和广告费用支出（单位：万元）的数据如表 8.1 所示. 绘制散点图描述销售收入与广告费用支出的关系.

表 8.1　20 家药品生产企业的销售收入和广告费用

3

企业编号	销售收入	广告费用
1	618	45
2	3195	430
3	1675	240
4	753	160
5	1942	390
6	1019	80
7	906	50
8	673	130
9	2395	410
10	1267	200
11	531	40
12	1691	175
13	2580	510
14	93	10
15	192	50
16	1339	340
17	3627	580
18	902	80
19	1907	360
20	967	160

3 数据 8-1

解　销售收入与广告费用的散点图如图8.2所示.

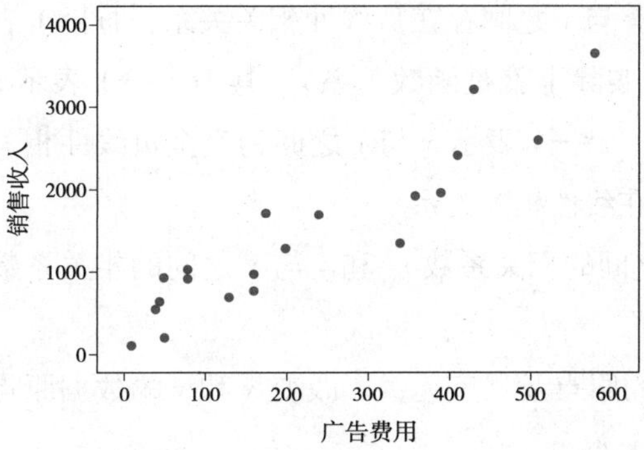

图8.2　销售收入与广告费用的散点图

从散点图可以看出，随着广告费用的增加，销售收入也随之增加，二者的数据点分布在一条直线的周围，具有正的线性相关关系.

8.1.3　用相关系数度量关系强度

散点图可以判断两个变量之间有无相关关系，并对关系形态做出大致描述，但要准确度量变量间的关系强度，则需要计算相关系数.

1. 相关系数

相关系数是度量两个变量之间线性关系强度的统计量. 样本相关系数记为 r，计算公式为

$$r=\frac{\sum(x-\bar{x})(y-\bar{y})}{\sqrt{\sum(x-\bar{x})^2\cdot\sum(y-\bar{y})^2}}. \tag{8.1}$$

按式（8.1）计算公式计算的相关系数也称为Pearson相关系数[(1)].

（1）相关和回归的概念是1877—1888年间由Francis Galton提出的. 但真正使其理论系统化的是皮尔逊，为纪念他的贡献将相关系数也称为Pearson相关系数.

相关系数具有如下性质.

（1）r 的取值范围在 -1 和 $+1$ 之间，即 $-1 \leqslant r \leqslant 1$．$r>0$ 表明 x 与 y 之间存在正线性相关关系；$r<0$ 表明 x 与 y 之间存在负线性相关关系；$|r|=1$ 表明 x 与 y 之间为完全相关关系（实际上就是函数关系），其中 $r=+1$ 表示 x 与 y 之间为完全正线性相关关系，$r=-1$ 表示 x 与 y 之间为完全负线性相关关系；$r=0$ 表明 x 与 y 之间不存在线性相关关系.

（2）r 具有对称性．x 与 y 之间的相关系数 r_{xy} 和 y 与 x 之间的相关系数 r_{yx} 相等，即 $r_{xy}=r_{yx}$.

（3）r 数值的大小与 x 和 y 的原点及尺度无关．改变 x 和 y 的数据原点或计量尺度，并不改变 r 数值的大小.

（4）r 仅仅是 x 与 y 之间线性关系的一个度量，它不能用于描述非线性关系．这意味着，$r=0$ 只表示两个变量之间不存在线性相关关系，并不表明变量之间没有任何关系，比如它们之间可能存在非线性相关关系．当变量之间的非线性相关程度较强时，就可能会导致 $r=0$．因此，当 $r=0$ 或很小时，不能轻易得出两个变量之间没有关系的结论，而应结合散点图做出合理解释.

（5）r 虽然是两个变量之间线性关系的一个度量，却不一定意味着 x 与 y 一定有因果关系.

了解相关系数的性质有助于对其实际意义的解释．$|r|\to 1$ 说明两个变量之间的线性关系越强；$|r|\to 0$ 说明两个变量之间的线性关系越弱.

2. 相关系数的检验

一般情况下，总体相关系数 ρ 是未知的，通常是根据样本相关系数 r 作为 ρ 的近似估计值．但 r 是根据样本数据计算出来的，它受到样本波动的影响．由于抽取的样本不同，r 的取值也就不同，因此 r 是一个随机变量．能否根据样本相关系数说明总体的相关程度呢？这就需要考察样本相关系数的可靠性，也就是进行显著性检验.

相关系数的显著性检验通常采用费希尔提出的 t 分布检验，该检验可以用于小样本，也可以用于大样本，检验的具体步骤如下.

第 1 步：提出假设：

$$H_0: \rho=0, \quad H_1: \rho\neq 0.$$

第 2 步：计算检验的统计量：

$$t=\frac{r\sqrt{n-2}}{\sqrt{1-r^2}} \sim t(n-2). \qquad (8.2)$$

第 3 步：进行决策. 求出统计量的 P 值，如果 $P<\alpha$，拒绝 H_0，表明总体的两个变量之间存在显著的线性关系.

〔例 8.2〕根据例 8.1 的数据，计算销售收入与广告费用之间的相关系数，并检验相关系数是否显著（$\alpha=0.05$）.

解　由 Excel 中的〔CORREL〕函数计算的相关系数为 $r=0.9306$. 由 4
于相关系数为较大的正值，说明销售收入与广告费用之间有较强的正线性相关关系，即随着广告费用的增加，销售收入也随之增加.

首先提出假设：$H_0: \rho=0$，$H_1: \rho\neq 0$.

根据 r 计算的检验统计量为

$$t=\frac{0.9306\sqrt{20-2}}{\sqrt{1-0.9306^2}}=10.789.$$

由 Excel 中的〔TDIST〕函数得双尾 $P=2.743\text{E}-09<\alpha=0.05$，拒绝 H_0，说明销售收入与广告费用之间存在显著的线性相关关系.

该检验过程可直接由 SPSS 输出，结果如表 8.2 所示.

表 8.2　例 8.1 的相关系数及其检验

		销售收入	广告费用
销售收入	Pearson 相关性	1	.931**
	显著性（双侧）		.000
	N	20	20
广告费用	Pearson 相关性	.931**	1
	显著性（双侧）	.000	
	N	20	20

**. 在 .01 水平（双侧）上显著相关.

4 CORREL

从表 8.2 可以看出，双尾检验的显著性水平值接近于 0，r 在 0.01 的显著性水平上显著，表明销售收入与广告费用之间存在显著的线性相关关系.

8.2 一元线性回归

回归分析是重点考察一个特定的变量（响应变量），而把其他变量（解释变量）看作是影响这一变量的因素，并通过适当的数学模型将变量间的关系表达出来，进而通过一个或几个解释变量的取值来预测响应变量的取值.

8.2.1 一元线性回归模型

1. 回归模型

进行回归分析时，首先需要确定出响应变量和解释变量. 在回归分析中，被预测或被解释的变量称为**响应变量**，也称因变量，用 y 表示. 用来预测或用来解释响应变量的一个或多个变量称为**解释变量**，也称自变量，用 x 表示. 例如，在分析广告费用对销售收入的影响时，目的是要预测一定广告费用条件下的销售收入是多少，因此，销售收入是被预测的变量，称为响应变量，而用来预测销售收入的广告费用就是解释变量.

当回归中只涉及一个解释变量时称为一元回归，若 y 与 x 之间为线性关系时称为一元线性回归. 对于具有线性关系的两个变量，可以用一个线性方程来表示它们之间的关系. 描述响应变量 y 如何依赖于解释变量 x 和误差项 ε 的方程称为**回归模型**. 只涉及一个解释变量的一元线性回归模型可表示为

$$y=\beta_0+\beta_1 x+\varepsilon, \tag{8.3}$$

式中：β_0 和 β_1 称为模型的参数.

由式（8.3）可以看出，在一元线性回归模型中，y 是 x 的线性函数（$\beta_0+\beta_1 x$ 部分）加上误差项 ε. $\beta_0+\beta_1 x$ 反映了由于 x 的变化而引起的 y 的线性变化；ε 是被称为误差项的随机变量，它是除 x 和 y 之间的线性关系以外的随机

因素对 y 的影响，是不能由 x 和 y 之间的线性关系所解释的 y 的变异.

2. 回归方程

回归模型中的参数 β_0 和 β_1 是未知的，必须利用样本数据去估计它们. 当用样本统计量 $\hat{\beta}_0$ 和 $\hat{\beta}_1$ 估计模型中的参数 β_0 和 β_1 时，就得到了回归方程，它是根据样本数据求出的回归方程的估计. 对于一元线性回归，回归方程为

$$\hat{y}=\hat{\beta}_0+\hat{\beta}_1 x, \tag{8.4}$$

式中：$\hat{\beta}_0$ 是估计的回归直线在 y 轴上的截距；$\hat{\beta}_1$ 是直线的斜率，也称为回归系数，它表示 x 每变动一个单位时，y 的平均变动量.

8.2.2　参数的最小二乘估计

对于 x 和 y 的 n 对观测值，用于描述其关系的直线有多条，究竟用哪条直线来代表两个变量之间的关系呢？我们自然会想到距离各观测点最近的那条直线，用它来代表 x 与 y 之间的关系与实际数据的误差比其他任何直线都小. 德国科学家高斯提出用最小化图（见图 8.3）中垂直方向的离差平方和来估计参数 β_0 和 β_1，据此确定参数的方法称为最小二乘法，也称为最小平方法，它是使响应变量的观测值 y_i 与估计值 $\hat{y}_i$ 之间的离差平均和达到最小来估计 β_0 和 β_1，因此也称为参数的最小二乘估计. 最小二乘法的思想可用下面的图 8.3 表示.

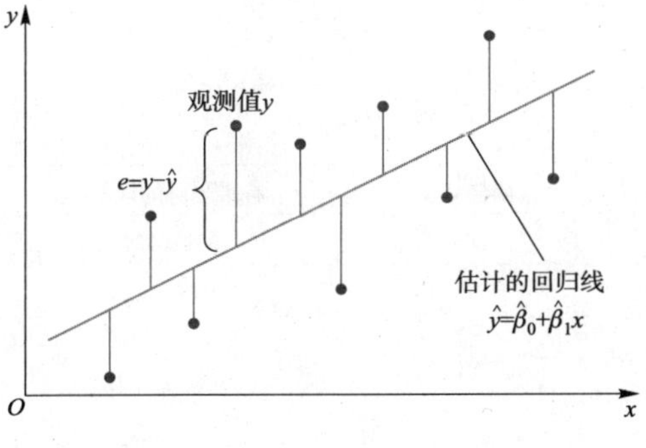

图 8.3　最小二乘法的示意图

用最小二乘法拟合的直线具有一些优良的性质．首先，根据最小二乘法得到的回归直线能使离差平方和达到最小，虽然这并不能保证它就是拟合数据的最佳直线(1)，但这毕竟是一条与数据拟合良好的直线应有的性质．其次，由最小二乘法求得的回归直线可知 β_0 和 β_1 的估计量的抽样分布．再次，在一定条件下，β_0 和 β_1 的最小二乘估计量满足无偏性，即 $E(\hat{\beta}_0)=\beta_0$，$E(\hat{\beta}_1)=\beta_1$，而且同其他估计量相比，其抽样分布具有较小的标准差．正是基于上述性质，最小二乘法被广泛用于回归模型参数的估计．

根据最小二乘法有：

$$\sum(y_i-\hat{y}_i)^2=\sum(y_i-\hat{\beta}_0-\hat{\beta}_1x_i)^2=\min, \tag{8.5}$$

解得：

$$\begin{cases}\hat{\beta}_1=\dfrac{\sum(x_i-\bar{x})(y_i-\bar{y})}{\sum(x_i-\bar{x})^2},\\ \hat{\beta}_0=\bar{y}-\hat{\beta}_1\bar{x}.\end{cases} \tag{8.6}$$

由式(8.6)可知，当 $x=\bar{x}$ 时，$\hat{y}=\bar{y}$，即回归直线 $\hat{y}_i=\hat{\beta}_0+\hat{\beta}_1x_i$ 通过点$(\bar{x},\bar{y})$．

〔例 8.3〕根据例 8.1 的数据，求销售收入与广告费用的回归方程．

解　由 SPSS 输出的回归结果如下列各表所示．

表 8.3 给出了回归分析中的一些主要统计量，包括相关系数（R）、判定系数、调整的判定系数、估计标准误差等．

表 8.3　模型的主要统计量

模型	R	R 方	调整 R 方	标准估计的误差
1	.931[a]	.866	.859	361.867

a. 预测变量：（常量），广告费用．

(1) 许多别的拟合直线也具有这种性质．

表8.4给出的是回归分析的方差分析表，包括回归平方和、残差平方和、总平方和及相应的自由度，回归均方和残差均方、检验统计量（F）、F检验的显著性水平（Sig.）. 方差分析表部分主要用于对回归模型的线性关系进行显著性检验.

表8.4　模型的方差分析表

Anova[b]

模型		平方和	df	均方	F	Sig.
1	回归	15241773.690	1	15241773.690	116.396	.000[a]
	残差	2357061.110	18	130947.839		
	总计	17598834.800	19			

a. 预测变量：（常量），广告费用.

b. 响应变量：销售收入

表8.5是模型中参数估计的有关内容. 包括回归方程的常数项、非标准化回归系数，常数项和回归系数检验的统计量（t）及检验的显著性水平（Sig.）等.

表8.5　模型参数的估计和检验

模型		非标准化系数		标准系数	t	Sig.
		B	标准误差	试用版		
1	（常量）	274.550	133.019		2.064	.054
	广告费用	5.131	.476	.931	10.789	.000

对于本章内容所涉及的一些结果，将在后面陆续介绍.

由表8.5可知，销售收入与广告费用的估计方程为 $\hat{y}=274.550+5.131x$. 回归系数 $\hat{\beta}_1=5.131$ 表示，广告费用每变动（增加或减少）1万元，销售收入平均变动（增加或减少）5.131万元. 在回归分析中，对截距 $\hat{\beta}_0$ 通常不作实际意义上的解释.

将 x_i 的各个取值代入上述估计方程，可以得到销售收入的各个估计值 $\hat{y}_i$. 图 8.4 给出了散点图与回归直线的关系.

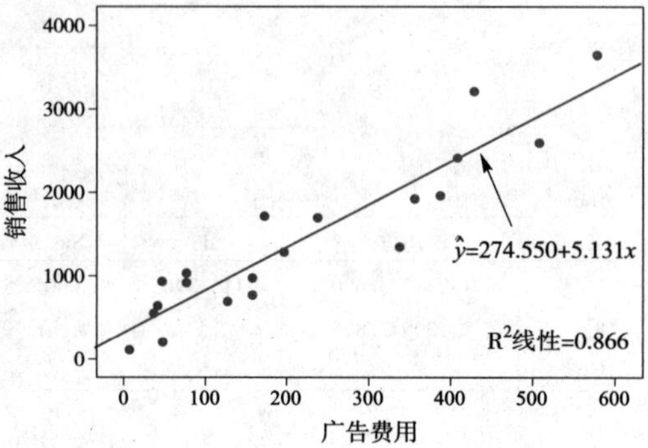

图 8.4　销售收入与广告费用的回归直线

8.2.3　回归直线的拟合优度

回归直线 $\hat{y}_i=\hat{\beta}_0+\hat{\beta}_1 x_i$ 在一定程度上描述了变量 x 与 y 之间的关系，根据这一方程，可用解释变量 x 的取值来预测响应变量 y 的取值. 但预测的精度将取决于回归直线对观测数据的拟合程度. 可以想象，如果各观测数据的散点都落在这一直线上，那么这条直线就是对数据的完全拟合，直线充分代表了各个点，此时用 x 来估计 y 是没有误差的. 各观察点越是紧密围绕直线，说明直线对观测数据的拟合程度越好，反之则越差. 回归直线与各观测点的接近程度称为回归直线对数据的拟合优度. 评价拟合优度一个重要统计量就是判定系数.

1. 判定系数

判定系数是对回归方程拟合优度的度量. 为说明它的含义，需要考察响应变量 y 取值的误差.

响应变量 y 的取值是不同的，y 取值的这种波动称为变差. 变差的产生来自于两个方面：一是由于解释变量 x 的取值不同造成的；二是 x 以外的其他随机因素的影响. 对一个具体的观测值来说，变差的大小可以用实际观测值 y 与其均值 $\overline{y}$ 之差 $y-\overline{y}$ 来表示，如图8.5所示. 而 n 次观测值的总变差可由这些离差的平方和来表示，称为总平方和，记为 SST，即 $SST=\sum(y_i-\overline{y})^2$.

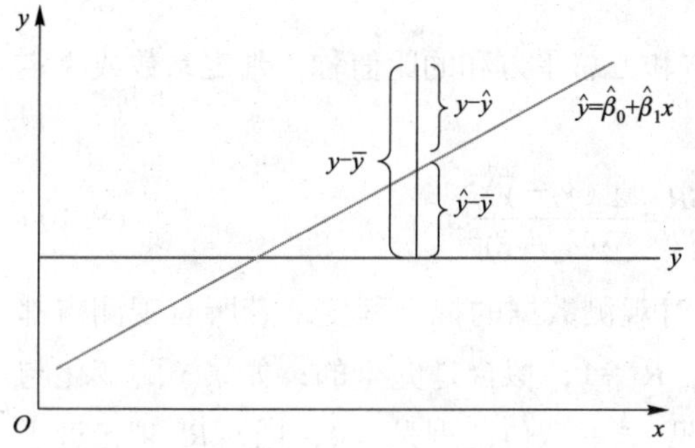

图8.5 变差分解图

从图8.5可以看出，每个观测点的离差都可以分解为 $y-\overline{y}=(y-\hat{y})+(\hat{y}-\overline{y})$，两边平方并对所有 n 个点求和有

$$\sum(y_i-\overline{y})^2=\sum(y_i-\hat{y}_i)^2+\sum(\hat{y}_i-\overline{y})^2+2\sum(y_i-\hat{y}_i)(\hat{y}_i-\overline{y}), \quad (8.7)$$

可以证明，$\sum(y_i-\hat{y}_i)(\hat{y}_i-\overline{y})=0$，因此有

$$\sum(y_i-\overline{y})^2=\sum(y_i-\hat{y}_i)^2+\sum(\hat{y}_i-\overline{y})^2. \quad (8.8)$$

式（8.8）的左边称为总平方和 SST，它被分解为两部分：其中 $\sum(\hat{y}_i-\overline{y})^2$ 是回归值 $\hat{y}_i$ 与均值 $\overline{y}$ 的离差平方和，根据回归方程，估计值 $\hat{y}_i=\hat{\beta}_0+\hat{\beta}_1x_i$，因此可以把（$\hat{y}_i-\overline{y}$）看作是由于解释变量 x 的变化引起的 y 的变化，而其平方和 $\sum(\hat{y}_i-\overline{y})^2$ 则反映了 y 的总变差中由于 x 与 y 之间的线性关系引起的 y 的变化部分，它是可以由回归直线来解释的 y_i 的变差部分，称为回归平方和，记为 SSR. 另一部分 $\sum(y_i-\hat{y}_i)^2$ 是实际观测点与回归值的离差平方和，它是除了 x 对 y 的线性影响之外的其他随机因素对 y 的影响，是不

能由回归直线来解释的 y_i 的变差部分，称为**残差平方和**，记为 SSE. 三个平方和的关系为

$$总平方和(SST)=回归平方和(SSR)+残差平方和(SSE). \tag{8.9}$$

从图 8.5 可以直观地看出，回归直线拟合的好坏取决于回归平方和 SSR 占总平方和 SST 的比值 SSR/SST 的大小. 各观测点越是靠近直线，$\frac{SSR}{SST}$则越大，直线拟合得越好. 回归平方和占总平方和的比值称为**判定系数**或决定系数，记为 R^2，其计算公式为

$$R^2=\frac{SSR}{SST}=\frac{\sum(\hat{y}_i-\bar{y})^2}{\sum(y_i-\bar{y})^2}. \tag{8.10}$$

判定系数 R^2 测度了回归直线对观测数据的拟合程度. 若所有观测点都落在直线上，残差平方和 $SSE=0$，$R^2=1$，拟合是完全的；如果 y 的变化与 x 无关，此时 $\hat{y}=\bar{y}$，则 $R^2=0$. 可见 R^2 的取值范围是［0，1］. R^2 越接近于 1，回归直线的拟合程度就越好；R^2 越接近于 0，回归直线的拟合程度就越差.

在一元线性回归中，相关系数 r 是判定系数的平方根. 这一结论可以帮助进一步理解相关系数的含义. 实际上，相关系数 r 也从另一个角度说明了回归直线的拟合优度. $|r|$越接近 1，表明回归直线对观测数据的拟合程度就越高. 但用 r 说明回归直线的拟合优度需要慎重，因为 r 的值总是大于 R^2 的值（除非 $r=0$ 或 $|r|=1$）. 比如，当 $r=0.5$ 时，表面上看似乎有一半的相关了，但 $R^2=0.25$，这表明解释变量 x 只能解释响应变量 y 的总变差的 25%. $r=0.7$ 才能解释近一半的变差，$r<0.3$ 意味着只有很少一部分变差可由回归直线来解释.

例如，表 8.3 给出的判定系数 $R^2=0.866=86.6\%$，其实际意义是：在销售收入取值的总变差中，有 86.6% 可以由销售收入与广告费用之间的线性关系来解释. 可见回归方程的拟合程度较高.

2. 估计标准误差

估计标准误差简称标准误差或标准误，它是残差的标准差，用 s_e 来表

示，其计算公式为

$$s_e=\sqrt{\frac{\sum(y_i-\hat{y}_i)^2}{n-2}}=\sqrt{\frac{SSE}{n-2}}. \tag{8.11}$$

s_e 是度量各观测点在直线周围分散程度的一个统计量，它反映了实际观测值 y_i 与回归估计值 $\hat{y}_i$ 之间的差异程度. s_e 也是对误差项 ε 的标准差 σ 的估计，它可以看作是在排除了 x 对 y 的线性影响后，y 随机波动大小的一个估计量. 从实际意义看，s_e 反映了用回归方程预测响应变量 y 时预测误差的大小. 各观测点越靠近直线，回归直线对各观测点的代表性就越好，s_e 就会越小，根据回归方程进行预测也就越准确；若各观测点全部落在直线上，则 $s_e=0$，此时用解释变量来预测响应变量是没有误差的. 可见 s_e 也从另一个角度说明了回归直线的拟合优度.

例如，表 8.3 给出的标准误差 $s_e=361.867$. 其实际意义是：根据广告费用来预测销售收入时，平均的预测误差为 361.867 万元.

8.2.4　显著性检验

在建立回归模型之前，已经假定 x 与 y 是线性关系，但这种假定是否成立，需要检验后才能证实. 回归分析中的显著性检验主要包括线性关系检验和回归系数检验.

1. 线性关系检验

线性关系检验简称为 F 检验，它是检验解释变量 x 和响应变量 y 之间的线性关系是否显著，或者说，它们之间能否用一个线性模型 $y=\beta_0+\beta_1x+\varepsilon$ 来表示. 检验统计量的构造是以回归平方和（SSR）以及残差平方和（SSE）为基础的. 将 SSR 除以其相应自由度（SSR 的自由度是解释变量的个数 k，一元线性回归中自由度为 1）后的结果称为**回归均方**，记为 MSR；将 SSE 除以其相应自由度（SSE 的自由度为 $n-k-1$，一元线性回归中自由度为 $n-2$）后的结果称为**残差均方**，记为 MSE. 如果原假设成立（H_0：$\beta_1=0$，两个变量之间的线性关系不显著），则比值 MSR/MSE 的抽样分布服

从分子自由度为1、分母自由度为 $n-2$ 的 F 分布，即

$$F=\frac{SSR/1}{SSE/n-2}=\frac{MSR}{MSE}\sim F(1,\ n-2). \tag{8.12}$$

当原假设 H_0：$\beta_1=0$ 成立时，MSR/MSE 的值应接近1，但如果原假设不成立，MSR/MSE 的值将变得无穷大. 因此，较大的 MSR/MSE 值将导致拒绝 H_0，此时就可以断定 x 与 y 之间存在着显著的线性关系. 线性关系检验的具体步骤如下：

第1步：提出假设：H_0：$\beta_1=0$（两个变量之间的线性关系不显著），H_1：$\beta_1\neq 0$（两个变量之间的线性关系显著）.

第2步：计算检验统计量 F.

第3步：做出决策. 确定显著性水平 α，并根据分子自由度 $df_1=1$ 和分母自由度 $df_2=n-2$ 求出统计量的 P 值，若 $P<\alpha$，则拒绝 H_0，表明两个变量之间的线性关系显著.

例如，表8.4给出各个平方和、均方及检验的统计量 F. 由于显著性水平 Sig. 接近于0，拒绝 H_0，表明销售收入与广告费用之间的线性关系显著.

2. 回归系数的检验

回归系数检验简称为 t 检验，它用于检验解释变量对响应变量的影响是否显著. 在一元线性回归中，由于只有一个解释变量，所以回归系数检验与线性关系检验是等价的（在多元线性回归中这两种检验不再等价）. 其检验假设为：H_0：$\beta_1=0$（解释变量对响应变量的影响不显著），H_1：$\beta_1\neq 0$（解释变量对响应变量的影响显著）.

检验的统计量的构造是以回归系数 β_1 的抽样分布为基础的[(1)]. 统计证明，$\hat{\beta}_1$ 服从正态分布，期望值为 $E(\hat{\beta}_1)=\beta_1$，标准差的估计量为

(1) 回归方程 $\hat{y}_i=\hat{\beta}_0+\hat{\beta}_1x_i$ 是根据样本数据计算的. 当抽取不同的样本时，就会得出不同的估计方程. 实际上，$\hat{\beta}_0$ 和 $\hat{\beta}_1$ 是根据最小二乘法得到的用于估计参数 β_0 和 β_1 的统计量，它们都是随机变量，也都有各自的分布.

$$s_{\hat{\beta}_1}=\frac{s_e}{\sqrt{\sum x_i^2-\frac{1}{n}\left(\sum x_i\right)^2}}. \tag{8.13}$$

将回归系数标准化，就可以得到用于检验回归系数 β_1 的统计量 t. 在原假设成立的条件下，$\hat{\beta}_1-\beta_1=\hat{\beta}_1$，因此检验统计量为

$$t=\frac{\hat{\beta}_1}{s_{\hat{\beta}_1}}\sim t(n-2). \tag{8.14}$$

确定显著性水平 α，并根据自由度 $df=n-2$ 计算出统计量的 P 值，若 $P<\alpha$，则拒绝 H_0，表明 x 对 y 的影响是显著的.

例如，表 8.5 给出了检验统计量 $t=10.789$，用于检验的显著性水平 (Sig.). 由于 Sig. 接近于 0，拒绝 H_0，表明广告费用是影响销售收入的一个显著性因素.

为了提高预测的准确性，截距的显著性通常不考虑.

8.3　利用回归方程进行预测

回归分析的主要目的是根据所建立的回归方程，用给定的解释变量来预测响应变量. 如果对于 x 的一个给定值 x_0，求出 y 的一个预测值 $\hat{y}_0$，就是点估计. 在点估计的基础上，可以求出 y 的一个估计区间. 估计区间有两种类型：平均值的置信区间和个别值的预测区间.

8.3.1　平均值的置信区间

平均值的置信区间是对 x 的一个给定值 x_0，求出的 y 的平均值的估计区间. 比如，在例 8.1 中，根据销售收入与广告费用的估计回归方程 $\hat{y}=274.550+5.131x$，求出广告费用为 200 万元时销售收入平均值的估计区间，这个区间就是置信区间.

设 x_0 为解释变量 x 的一个给定值，$E(y_0)$ 为给定 x_0 时响应变量 y 的期望值．当 $x=x_0$ 时，$\hat{y}_0=\hat{\beta}_0+\hat{\beta}_1x_0$ 就是 $E(y_0)$ 的点估计值．一般来说，不能期望点估计值 $\hat{y}_0$ 精确地等于 $E(y_0)$，因此要用 $\hat{y}_0$ 推断 $E(y_0)$ 的区间．根据参数估计的原理，y 的平均值的置信区间等于点估计值±估计误差，即 $\hat{y}_0\pm E$. E 是由所要求的置信水平的分位数值和点估计量（$\hat{y}_0$）的标准误差构成的．用 $s_{\hat{y}_0}$ 表示 $\hat{y}_0$ 的标准差的估计量，统计证明，求 y 的平均值的置信区间时，$s_{\hat{y}_0}$ 的计算公式为

$$s_{\hat{y}_0}=s_e\sqrt{\frac{1}{n}+\frac{(x_0-\bar{x})^2}{\sum_{i=1}^{n}(x_i-\bar{x})^2}},\tag{8.15}$$

因此，对于给定的 x_0，平均值 $E(y_0)$ 在 $1-\alpha$ 置信水平下的置信区间为

$$\hat{y}_0\pm t_{\alpha/2}s_e\sqrt{\frac{1}{n}+\frac{(x_0-\bar{x})^2}{\sum_{i=1}^{n}(x_i-\bar{x})^2}}.\tag{8.16}$$

当 $x_0=\bar{x}$ 时，$\hat{y}_0$ 的标准差的估计量最小，此时有：$s_{\hat{y}_0}=s_e\sqrt{1/n}$．这就是说，当 $x_0=\bar{x}$ 时，估计是最准确的．x_0 偏离 $\bar{x}$ 越远，y 的平均值的置信区间就变得越宽，估计的效果也就越不好．

8.3.2 个别值的预测区间

个别值的预测区间是对 x 的一个给定值 x_0，求出 y 的一个个别值的估计区间．比如，在例 8.1 中，不是想估计广告费用为 200 万元时销售收入平均值的区间，而只是想估计广告费用为 200 万元的那家企业（编号为 10 的那家企业）销售收入的区间，这个区间就是个别值的预测区间．

与置信区间类似，y 的个别值的预测区间等于点估计值±估计误差，即 $\hat{y}_0\pm E$. E 是由所要求的置信水平的分位数值和点估计量（$\hat{y}_0$）的标准误差构成的．用 s_{ind} 表示估计 y 的一个个别值时 $\hat{y}_0$ 的标准差的估计量，统计证明，s_{ind} 的计算公式为

$$s_{ind}=s_e\sqrt{1+\frac{1}{n}+\frac{(x_0-\bar{x})^2}{\sum_{i=1}^{n}(x_i-\bar{x})^2}},\tag{8.17}$$

因此，对于给定的 x_0，y 的一个个别值 y_0 在 $1-\alpha$ 置信水平下的预测区间为

$$\hat{y}_0\pm t_{\alpha/2}s_e\sqrt{1+\frac{1}{n}+\frac{(x_0-\bar{x})^2}{\sum_{i=1}^{n}(x_i-\bar{x})^2}}.\tag{8.18}$$

与式（8.17）相比，式（8.18）的根号内多了一个 1. 因此，即使是对同一个 x_0，这两个区间的宽度也是不一样的，预测区间要比置信区间宽一些. 这两个区间的示意图如图 8.6 所示.

从图 8.6 可以看出，两个区间的宽度不太一样，y 的个别值的预测区间要宽一些. 二者的差别表明，估计 y 的平均值比预测 y 的一个个别值更准确一些（请读者想一想为什么）. 同样，当 $x_0=\bar{x}$ 时，两个区间也都是最准确的.

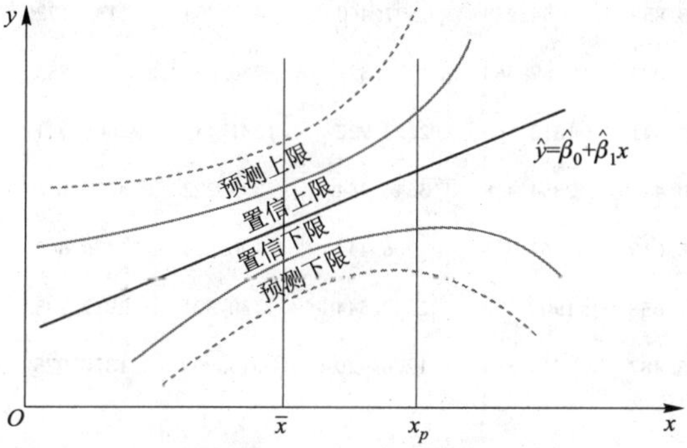

图 8.6　置信区间和预测区间示意图

〔例 8.4〕根据例 8.1 的数据，求 20 家企业销售收入 95% 的置信区间和预测区间.

解　SPSS 给出的置信水平为 95% 的置信区间和预测区间如表 8.6 所示.

表8.6　20家企业销售收入95%的置信区间和预测区间

企业编号	销售收入	广告费用	PRE_1	LMCI_1	UMCI_1	LICI_1	UICI_1
1	618	45	505.439	260.132	750.745	-293.412	1304.289
2	3195	430	2480.818	2212.322	2749.313	1674.544	3287.091
3	1675	240	1505.955	1335.009	1676.902	726.719	2285.192
4	753	160	1095.487	914.554	1276.420	313.999	1876.975
5	1942	390	2275.584	2036.679	2514.488	1478.675	3072.492
6	1019	80	685.019	463.593	906.444	-106.825	1476.862
7	906	50	531.093	289.363	772.822	-266.667	1328.853
8	673	130	941.561	748.302	1134.820	157.128	1725.995
9	2395	410	2378.201	2124.856	2631.545	1576.845	3179.556
10	1267	200	1300.721	1129.308	1472.135	521.382	2080.060
11	531	40	479.784	230.852	728.716	-320.187	1279.756
12	1691	175	1172.450	996.085	1348.815	392.006	1952.893
13	2580	510	2891.286	2557.067	3225.506	2060.811	3721.762
14	93	10	325.859	54.258	597.460	-481.454	1133.172
15	192	50	531.093	289.363	772.822	-266.667	1328.853
16	1339	340	2019.041	1812.160	2225.922	1231.141	2806.941
17	3627	580	3250.446	2854.408	3646.484	393.222	4107.670
18	902	80	685.019	463.593	906.444	-106.825	1476.862
19	1907	360	2121.658	1902.772	2340.544	1330.521	2912.795
20	967	160	1095.487	914.554	1276.420	313.999	1876.975

表8.6中的PRE_1是点估计（预测）值；LMCI_1和UMCI_1表示平均值的置信区间（SPSS称为均值的预测区间）的下限和上限；LICI_1和UICI_1表示个别值的预测区间的下限和上限．从结果可以看出，预测区间要比置信区间宽一些．从图8.7可以更清楚地看出这一点．图中的点是销售收入与广告费用的散点图，竖线表示实际观测值与回归预测值的残差．中间

的实线是拟合的回归直线，其两侧的实线是销售收入平均值的 95% 的置信区间；最外面的两条实线是销售收入个别值的 95% 的预测区间.

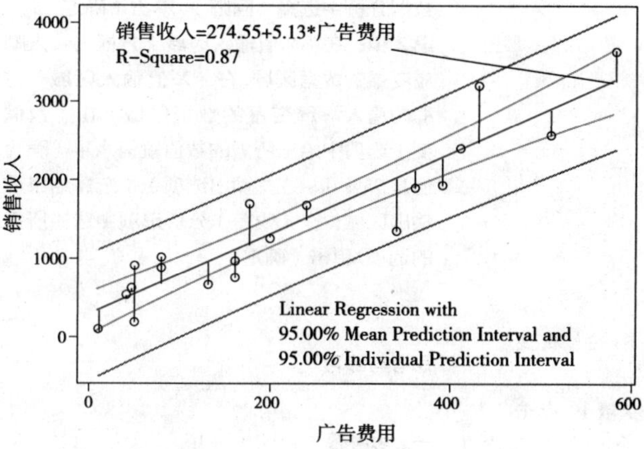

图 8.7　销售收入的置信区间和预测区间

5 **主要术语**

相关关系	相关系数	响应变量
解释变量	回归模型	回归方程
判定系数	估计标准误差	

平均值的置信区间

个别值的预测区间

软件应用

1. SPSS 应用

用 SPSS 进行相关分析

第 1 步：选择〔分析〕→〔相关 - 双变量〕，进入主对话框.

第 2 步：将各变量分别选入〔变量〕. 点击〔确定〕.

用 SPSS 进行回归

第 1 步：选择〔分析〕→〔回归-线性〕，进入主对话框.

第 2 步：将响应变量选入〔响应变量〕，将解释变量选入〔解释变量〕.

第 3 步：（需要预测时），点击〔保存〕，在〔预测值〕下选中〔非标准化〕（输出点预测值）；在〔预测区间〕下选中〔均值〕和〔单个〕（输出置信区间和预测区间）；在〔置信区间〕中选择所要求的置信水平（隐含值为 95%，一般不用改变）.

2. Excel 应用

用 Excel 计算相关系数

（1）使用统计函数：利用 Excel 中的
6 〔CORREL〕或〔PEARSON〕函数都可以计算两组数据的相关系数. 其语法为 CORREL（Array 1，Array 2）. Array 1 和 Array 2 是两个变量的数据区域.

（2）使用〔数据分析〕工具：在〔数据分析〕选项中选择〔相关系数〕，将变量值选入〔输入区域〕. 单击〔确定〕后即可得到相关系数矩阵.

用 Excel 进行回归分析

第 1 步：选择〔工具〕→〔数据分析〕. 在数据分析中选择〔回归〕. 单击〔确定〕.

第 2 步：在〔Y 值输入区域〕方框内输入响应变量的数据区域. 在〔X 值输入区域〕方框内输入解释变量的数据区域；在〔置信度〕选项中给出所需的数值置信水平（隐含值是 95%）；在〔输出选项〕中选择结果的输出区域；在〔残差〕分析选项中选择所需的选项. 单击〔确定〕.

思考与练习

一、思考题

■ 8.1 相关分析主要解决哪些问题?

■ 8.2 简述相关系数的性质.

■ 8.3 解释回归模型和回归方程的含义.

■ 8.4 一元线性回归模型中有哪些基本的假定?

■ 8.5 简述参数最小二乘估计的基本原理.

■ 8.6 解释判定系数的含义和作用.

■ 8.7 在回归分析中，F 检验和 t 检验各有什么作用?

■ 8.8 什么是平均值的置信区间和个别值的预测区间? 二者有何区别?

二、练习题

■ 8.1 从某一行业中随机抽取 12 家企业，所得产量与生产费用的数据如下：

企业编号	产量/台	生产费用/万元
1	40	130
2	42	150
3	50	155
4	55	140

5 名词解释　6 数据 8-2

续表

企业编号	产量 / 台	生产费用 / 万元
5	65	150
6	78	154
7	84	165
8	100	170
9	116	167
10	125	180
11	130	175
12	140	185

（1）绘制产量与生产费用的散点图，判断二者之间的关系形态；

（2）计算产量与生产费用之间的线性相关系数，并对相关系数的显著性进行检验（α=0.05），并说明二者之间的关系强度.

■ 8.2　下面是 20 个城市写字楼出租率和每平方米月租金的数据：

地区编号	出租率 / %	每平方米月租金 / 元
1	70.6	99
2	69.8	74
3	73.4	83
4	67.1	70
5	70.1	84
6	68.7	65
7	63.4	67
8	73.5	105
9	71.4	95
10	80.7	107
11	71.2	86
12	62.0	66
13	78.7	106
14	69.5	70
15	68.7	81
16	69.5	75
17	67.7	82
18	68.4	94
19	72.0	92
20	67.9	76

（1）绘制散点图，并计算相关系数，说明二者之间的关系；

（2）设月租金为解释变量，出租率为响应变量，利用最小二乘法求出回归方程，并解释回归系数的实际意义；

（3）计算判定系数和估计标准误差，并解释其意义；

（4）检验回归方程线性关系的显著性（α=0.05）；

（5）如果月租金为每平方米 100 元，预测出租率及其预测区间和置信区间.

■ 8.3　随机抽取 10 家航空公司，对其近一年的航班正点率和顾客投诉次数进行调查，所得数据如下： 7

航空公司编号	航班正点率 / %	投诉次数 / 次
1	81.8	21
2	76.6	58
3	76.6	85
4	75.7	68
5	73.8	74
6	72.2	93
7	71.2	72
8	70.8	122
9	91.4	18
10	68.5	125

8

（1）用航班正点率作解释变量，顾客投诉次数作响应变量，求出回归方程，并解释回归系数的意义；

（2）检验回归系数的显著性（α=0.05）；

（3）如果航班正点率为 80%，估计顾客的投诉次数.

■ 8.4　某汽车生产商欲了解广告费用（x）

7 数据 8-3　8 数据 8-4

对销售量（y）的影响，收集了过去 12 年的有关数据. 由 Excel 得到下面的回归结果：

方差分析表

变差来源	df	SS	MS	F	Significance F
9 回归					2. 17E−09
残差		40158. 07		—	—
总计	11	1642866. 67	—	—	—

参数估计表

	Coefficients	标准误差	t Stat	P−value
Intercept	363. 6891	62. 45529	5. 823191	0. 000168
X Variable 1	1. 420211	0. 071091	19. 97749	2. 17E−09

（1）完成上面的方差分析表；

（2）汽车销售量的变差中有多少是由广告费用的变动引起的？

（3）销售量与广告费用之间的相关系数是多少？

（4）写出回归方程并解释回归系数的实际意义；

（5）检验线性关系的显著性（α=0. 05）.

■ 8. 5　随机抽取 7 家超市，得到其广告费支出和销售额数据如下：

超市	广告费支出/万元	销售额/万元
A	1	19
B	2	32
C	4	44
D	6	40
E	10	52
F	14	53
G	20	54

（1）用广告费支出作解释变量 x，销售额为响应变量 y，求出回归方程；

（2）检验广告费支出与销售额之间的线性关系是否显著（α=0. 05）.

网上更多：

知识导图　　基本公式　　教学 PPT　　……

9 数据 8-5

第9章 时间序列预测

未来是不可预测的，不管人们掌握多少信息，都不可能存在能做出正确决策的系统方法.
——C. R. Rao

开篇案例：如何预测社会消费品零售总额?

社会消费品零售总额指批发和零售业、餐饮业、新闻出版业、邮政业和其他服务业等，售予城乡居民用于生活消费的商品和社会集团用于公共消费的商品之总量.

各年度的社会消费品零售总额不仅反映了一个社会当期的消费水平，也能反映出消费的成长潜力和趋势，进而反映出对经济的拉动程度，因而成为宏观经济政策制定的一个重要参考指标. 合理预测未来的社会消费品零售总额，对未来政策的制定则具有极其重要的参考价值. 下面的图形是我国 2002 年 1 月至 2012 年 12 月期间各月社会消费品零售总额的走势.

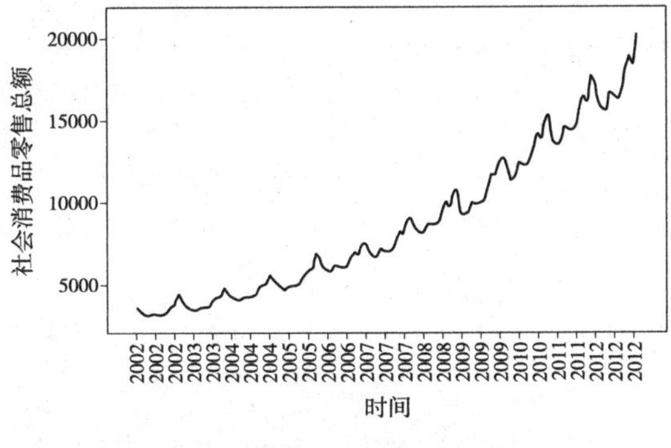

怎样预测下个年度各月的社会消费品零售总额? 首先需要弄清楚它在 2002 年 1 月至 2012 年 12 月过去的这段时间里是如何变化的，找出其变化的模式. 如果预期过去的变化模式在未来的一段时间里能够延续，就可以根据这一模式找到适当的预测模型进行预测. 本章介绍的内容就是有关时间序列的预测问题.

现实生活中经常会关心以后的事，也就是要对未来做出预测. 比如，明年的企业销售额会达到多少？下个月的汽车销售价格会下降吗？这只股票明天会上涨吗？要对未来的结果做出预测，就需要知道它们在过去的一段时间里是如何变化的，这就需要考察时间序列的变化形态，进而建立适当的模型进行预测. 1

9.1　时间序列的成分和预测方法

时间序列是按时间顺序记录的一组数据. 其中观察的时间可以是年份、季度、月份或其他任何时间形式. 为便于表述，本章中用 t 表示所观察的时间，Y_t(t=1，2，…，n) 表示在时间 t 上的观测值.

9.1.1　时间序列的成分

时间序列的变化可能受一种或几种因素的影响，导致它在不同时间上取值的差异，这些影响因素就是时间序列的组成要素. 一个时间序列通常由4种要素组成：趋势、季节变动、循环波动和不规则波动.

趋势是时间序列在一段较长时期内呈现出来的持续向上或持续向下的变动. 比如，你可以想象一个地区的GDP是年年增长的，一个企业的生产成本是逐年下降的，这些都是趋势. 在一定观察期内趋势可能是线性变化，但随着时间的推移也可能呈现出非线性变化.

季节变动是时间序列呈现出的以年为周期的固定变动模式，这种模式年复一年重复出现. 它是诸如气候条件、生产条件、节假日或人们的风俗习惯等各种因素影响的结果. 农业生产、交通运输、旅游、商品销售等都有明显的季节变动特征. 比如，一个商场在节假日的打折促销会使销售额增加，铁路和航空客运在节假日会迎来客流高峰，一个水力发电企业会因水流高峰的到来而使发电量猛增，这些都是因为季节变化引

1 统计英语

起的.

循环波动是时间序列呈现出的非固定长度的周期性变动. 比如，人们经常听到的景气周期、加息周期这类术语就是所谓的循环波动. 循环波动的周期可能会持续一段时间，但与趋势不同，它不是朝着单一方向的持续变动，而是涨落相间的交替波动，比如经济从低谷到高峰，又从高峰慢慢滑入低谷，尔后又慢慢回升；它也不同于季节变动，季节变动有比较固定的规律，且变动周期大多为一年，而循环波动则无固定规律，变动周期多在一年以上，且周期长短不一.

不规则波动是时间序列中除去趋势、季节变动和循环波动之后的随机波动. 不规则波动通常总是夹杂在时间序列中，致使时间序列产生一种波浪形或振荡式变动.

时间序列的 4 个组成部分，即趋势（T）、季节变动（S）、循环波动（C）和不规则波动（I）与观测值的关系可以用乘法模型表示，也可以用加法模型表示. 其中较常用的是乘法模型，其表现形式为

$$Y_t = T_t \times S_t \times C_t \times I_t. \tag{9.1}$$

观察时间序列的成分可以从图形入手. 下面的图 9.1 给出了含有不同成分的时间序列图.

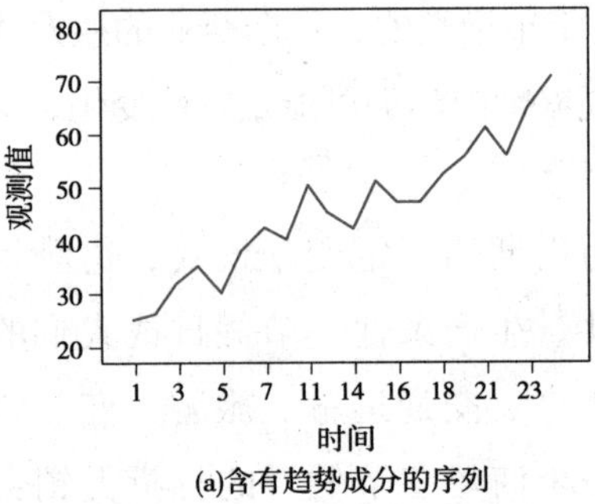

(a)含有趋势成分的序列

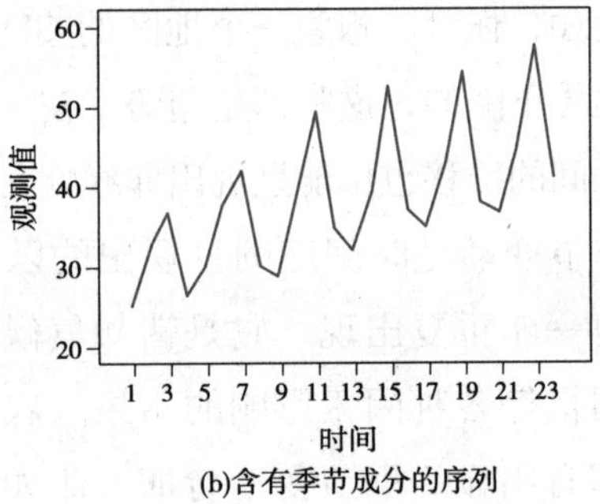

(b)含有季节成分的序列

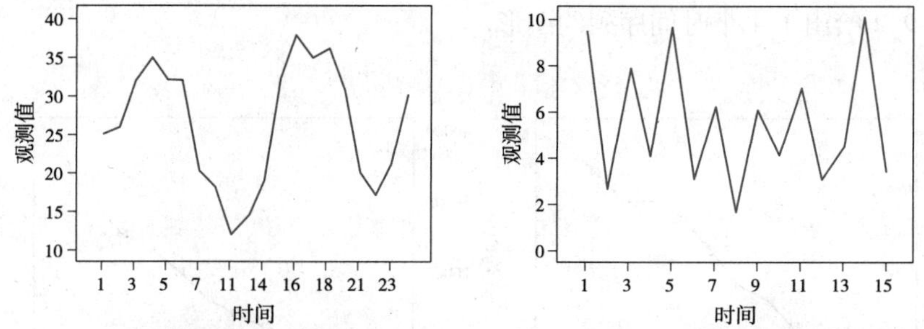

(c)含有周期成分的序列　　(d)随机波动序列

图 9.1　含有不同成分的时间序列

一个时间序列可能由一种成分组成，也可能同时含有几种成分．观察时间序列的图形就可以大致判断时间序列所包含的成分，为选择适当的预测模型奠定基础．下面通过几个实际的时间序列来观察其所包含的成分．

〔例 9.1〕表 9.1 是 2000—2011 年我国啤酒产量、人均国内生产总值（GDP）、煤炭占能源消费总量的比重和居民消费价格指数（CPI）的时间序列．绘制图形观察其所包含的成分．

表 9.1　啤酒产量等时间序列　2

年份	啤酒产量（万千升）	人均 GDP（元）	煤炭占能源消费总量的比重（%）	居民消费价格指数（上年=100）
2000	2231.3	7857.7	69.2	100.4
2001	2288.9	8621.7	68.3	100.7
2002	2402.7	9398.0	68.0	99.2
2003	2540.5	10542.0	69.8	101.2
2004	2948.6	12335.6	69.5	103.9
2005	3126.1	14185.4	70.8	101.8
2006	3543.6	16499.7	71.1	101.5
2007	3954.1	20169.5	71.1	104.8
2008	4156.9	23707.7	70.3	105.9
2009	4162.2	25607.5	70.4	99.3
2010	4490.2	30015.0	68.0	103.3
2011	4834.5	35181.2	68.4	105.4

资料来源：国家统计局网站 www.stats.gov.cn．人均 GDP 数据按当年价格计算．

2 数据 9-1

图 9.2 给出了 4 个时间序列的图形.

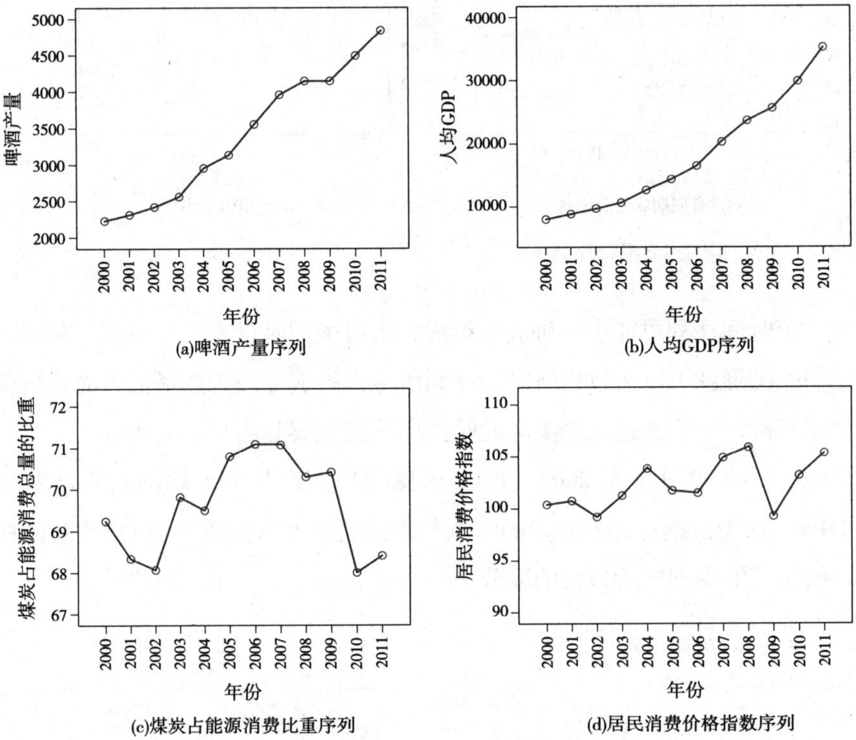

图 9.2　表 9.1 中 4 个时间序列的线图

从图 9.2 可以看出，啤酒产量序列呈现一定的线性趋势；人均 GDP 序列则呈现一定的指数变化趋势；煤炭占能源消费总量的比重序列则呈现出一定的抛物线变化形态；居民消费价格指数序列图则没有明显的趋势，呈现出一定的随机波动.

9.1.2　预测方法的选择与评估

选择什么样的方法进行预测，首先取决于历史数据的变化模型，即时间序列所包含的成分；其次，取决于所能获得的历史数据的多少，有些方法只要有少量的数据就能进行预测，而有些方法则要求的数据较多；此外，方法的选择还取决于所要求的预测期的长短，有些方法只能进行短期预测，有些则可进行相对长期的预测．下面的表 9.2 给出了本章介绍的时间序列预测方法及其所适合的数据模式、对数据的要求和预测期的长短等．

表 9.2　预测方法的选择

预测方法	适合的数据模式	对数据的要求	预测期
移动平均	平稳序列	数据个数与移动平均的步长相等	非常短
简单指数平滑	平稳序列	5 个以上	短期
Holt 指数平滑	线性趋势	5 个以上	短期至中期
一元线性回归	线性趋势	10 个以上	短期至中期
指数模型	非线性趋势	10 个以上	短期至中期
多项式函数	非线性趋势	10 个以上	短期至中期
分解预测	趋势、季节和循环成分	至少有四个周期的季度或月份数据	短期、中期、长期
Winter 指数平滑	趋势和季节成分	至少有四个周期的季度或月份数据	短期至中期

在选择出预测方法并利用该种方法进行预测后，反过来需要对所选择的方法进行评估，以确定所选择的方法是否合适．

一种预测方法的好坏取决于预测误差（也称为残差）的大小．预测误差是预测值与实际值的差距．度量方法有平均误差、平均绝对误差、均方误差、平均百分比误差和平均绝对百分比误差等，其中较为常用的是均方误差．对于同一个时间序列有几种可供选择的方法时，以预测误差最小者为宜．

均方误差是误差平方和的平均数，用 MSE 表示，计算公式为

$$MSE=\frac{\sum_{i=1}^{n}(Y_i-F_i)^2}{n}, \tag{9.2}$$

式中：Y_i 是第 i 期的实际值，F_i 是第 i 期的预测值，n 为预测误差的个数．

此外，为考察所选择的模型是否合适，还可以通过绘制残差图来分析. 如果模型是正确的，那么，用该模型预测所产生的残差应该以零轴为中心随机分布. 残差越接近零轴，且随机分布，说明所选择的模型越好.

9.2 平稳序列的预测

平稳序列是指不含趋势、季节和循环变动的序列，其波动主要是随机成分所致，序列的平均值不随时间的推移而变化，如图 9.1（d）就是一个平稳序列. 本节介绍平稳序列的预测方法有**简单平均**、**移动平均**、**简单指数平滑**等. 这些方法是通过对时间序列进行平滑以消除其随机波动，因而也称为平滑法. 本节主要介绍移动平均和简单指数平滑两种预测方法.

9.2.1 移动平均预测

移动平均预测是选择固定长度的移动间隔，对时间序列逐期移动求得平均数作为下一期的预测值. 设移动间隔长度为 $k(1<k<t)$，则 $t+1$ 期的移动平均预测值为

$$F_{t+1}=\overline{Y}_t=\frac{Y_{t-k+1}+Y_{t-k+2}+\cdots+Y_{t-1}+Y_t}{k}. \tag{9.3}$$

移动平均法只使用最近 k 期的数据，每次计算移动平均值时移动的间隔都为 k. 至于多长的移动间隔较为合理，预测时可采用不同的移动步长进行预测，然后选择一个使均方误差达到最小的移动步长.

9.2.2 简单指数平滑预测

简单指数平滑预测是加权平均的一种特殊形式，它是把 t 期的实际值 Y_t 和 t 期的平滑值 S_t 加权平均作为 $t+1$ 期的预测值. 观测值的时间离现时期越远，其权数也跟着呈现指数的下降，因而称为指数平滑.

就简单指数平滑而言，$t+1$ 期的预测值是 t 期实际值 Y_t 和 t 期平滑值 S_t 的线性组合，其预测模型为：

$$F_{t+1}=\alpha Y_t+(1-\alpha)S_t, \tag{9.4}$$

式中：F_{t+1} 为 $t+1$ 期的预测值；Y_t 为 t 期的实际值；S_t 为 t 期的平滑值；α 为平滑系数（$0<\alpha<1$）.

由于在开始计算时，还没有第 1 个时期的平滑值 S_1，通常可以设 S_1 等于 1 期的实际值，即 $S_1=Y_1$.

使用简单指数平滑法预测关键是确定一个合适的平滑系数[(1)] α. 因为不同的 α 对预测结果会产生不同影响. 当 $\alpha=0$ 时，预测值仅仅是重复上一期的预测结果；当 $\alpha=1$ 时，预测值就是上一期实际值. α 越接近 1，模型对时间序列变化的反应就越及时，因为它对当前的实际值赋予了比预测值更大的权数. 同样，α 越接近 0，意味着对当前的预测值赋予更大的权数，因此模型对时间序列变化的反应就越慢. 一般而言，当时间序列有较大的随机波动时，宜选较小的 α；如果注重于使用近期的值进行预测，宜选较大的 α. 但实际应用时，还应考虑预测误差. 预测时可选择几个 α 进行比较，然后找出预测误差最小的作为最后的 α 值. 一般 α 的取值不大于 0.5. 若 α 大于 0.5 才能接近实际值，通常说明序列有某种趋势或波动过大，一般不适合用简单指数平滑法进行预测.

简单指数平滑法的优点是只需要少数几个观测值就能进行预测，方法相对较简单，其缺点是预测值往往滞后于实际值，而且无法考虑趋势和季节成分.

〔例 9.2〕根据表 9.1 中的 CPI（居民消费价格指数）序列，分别用移动平均法（$k=3$）和简单指数平滑法（$\alpha=0.3$）预测 2012 年的 CPI，计算出预测误差，并将实际值和预测后的序列绘制成图形进行比较.

(1) 在使用 SPSS 进行指数平滑预测时，软件会自动确定一个合适的平滑系数 α. 使用 Excel 进行预测时，需要事先确定平滑系数 α，并根据不同的 α 进行预测，最后找出预测误差小的 α 作为最后的平滑系数.

解　使用 Excel 得到的预测结果如表 9.3 所示．实际值和预测值的比较图形如图 9.4 所示，两种方法预测的残差图如图 9.4 所示．

表 9.3　CPI 的移动平均和简单指数平滑预测

年份	CPI（%）	移动平均预测		指数平滑预测	
		k=3	预测误差	α=0.3	预测误差
2000	100.4				
2001	100.7			100.40	0.30
2002	99.2			100.49	−1.29
2003	101.2	100.10	1.10	100.10	1.10
2004	103.9	100.37	3.53	100.43	3.47
2005	101.8	101.43	0.37	101.47	0.33
2006	101.5	102.30	−0.80	101.57	−0.07
2007	104.8	102.40	2.40	101.55	3.25
2008	105.9	102.70	3.20	102.52	3.38
2009	99.3	104.07	−4.77	103.54	−4.24
2010	103.3	103.33	−0.03	102.27	1.03
2011	105.4	102.83	2.57	102.58	2.82
2012		102.67		103.42	

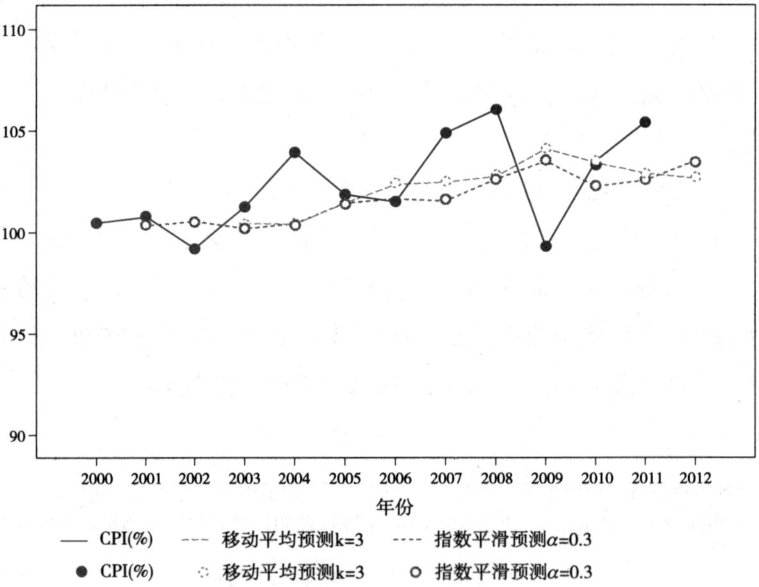

图 9.3　CPI 的移动平均和简单指数平滑预测

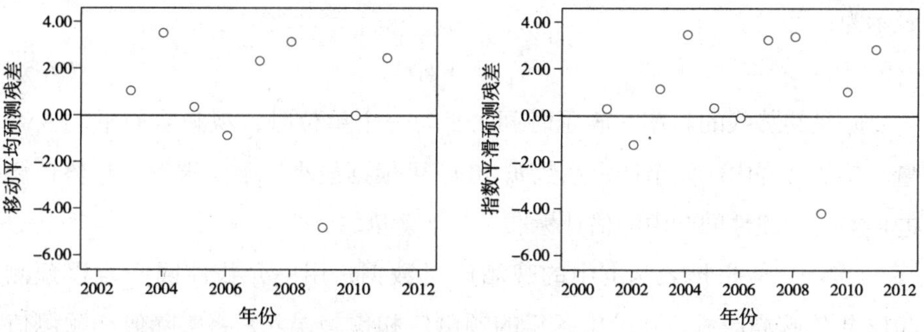

图 9.4　CPI 移动平均和简单指数平滑预测的残差图

从图 9.4 可以看出，残差的正值多于负值，说明预测值比实际值偏低．由于残差的分布基本上在零轴附近随机分布，说明所选的预测方法基本上是合理的．根据预测结果可计算出均方误差（读者可选择不同的移动平均步长和平滑系数进行预测，再根据均方误差的大小确定出最佳的移动步长和平滑系数）．

9.3　趋势预测

当序列存在明显的线性趋势时，可使用线性趋势模型进行预测．如果序列存在某种非线性变化形态，则可以使用非线性模型进行预测．

9.3.1　线性趋势预测

线性趋势是时间序列按一个固定的常数（不变的斜率）增长或下降．例如，观察图 9.1（a）中的啤酒产量序列图就会发现有明显的线性趋势．序列中含有线性趋势时，可使用一元线性回归模型进行预测，也可以使用 Holt 指数平滑模型进行预测．

1．一元线性回归预测

用 $\hat{Y}_t$ 表示 Y_t 的预测值，t 表示时间变量，一元线性回归的预测方程可表示为：

$$\hat{Y}_t = b_0 + b_1 t. \tag{9.5}$$

b_1 是趋势线的斜率，表示时间 t 变动一个单位时，观测值的平均变动量. 趋势方程中的两个待定系数 b_0 和 b_1 可根据最小二乘法求得. 趋势预测的误差可用线性回归中的估计标准误差来衡量.

〔例 9.3〕根据表 9.1 中的啤酒产量数据，用一元线性回归方程预测 2012 年的啤酒产量，并给出各年的预测值和预测误差，将实际值和预测值绘制成图形进行比较.

解　根据最小二乘法求得的线性趋势方程为：

$$\hat{Y}_t = -503450.371 + 252.725t.$$

判定系数 $R^2 = 0.978$，预测的标准误差为 $s_e = 143.434$. $b_1 = 252.725$ 表示：时间每变动一年，啤酒产量平均变动 252.725 万千升. 将时间 2012 代入上述方程，即可得到 2012 年的预测值. 表 9.4 给出了啤酒产量各年的预测值（PRE_1）和残差（RES_1）（根据需要也可以求出啤酒产量预测值的 95% 的置信区间）. 图 9.5 是啤酒产量变化及其预测的走势.

表 9.4　啤酒产量的一元线性回归预测

年份	啤酒产量	PRE_1	RES_1
2000	2231	1999.98	231.32
2001	2289	2252.70	36.20
2002	2403	2505.43	−102.73
2003	2541	2758.15	−217.65
2004	2949	3010.88	−62.28
2005	3126	3263.60	−137.50
2006	3544	3516.33	27.27
2007	3954	3769.05	185.05
2008	4157	4021.78	135.12
2009	4162	4274.50	−112.30
2010	4490	4527.23	−37.03
2011	4835	4779.96	54.54
2012		5032.68	

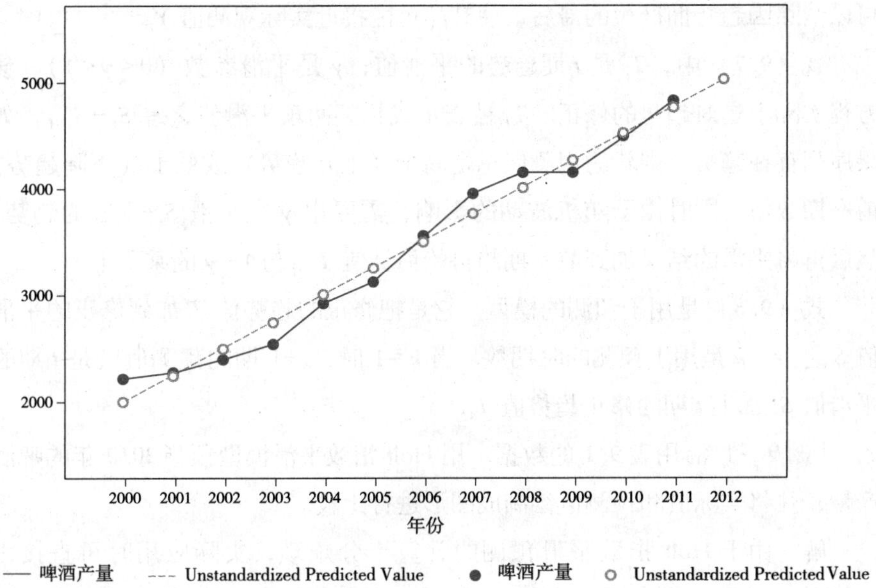

图9.5 啤酒产量的一元线性回归预测

2. Holt 指数平滑预测

Holt 指数平滑预测是以其提出者 C. C. Holt 的名字命名的，一般简称为 Holt 模型. 当时间序列存在趋势时，简单指数平滑的预测结果总是滞后于实际值. 而 Holt 模型则改进了简单指数平滑的弱点，它将趋势成分也考虑进来，用平滑值对序列的线性趋势进行修正，建立线性平滑模型进行预测. Holt 模型使用两个参数（平滑系数）α 和 γ（取值均在 0 和 1 之间）和以下三个方程：

平滑值： $S_t=\alpha Y_t+(1-\alpha)(S_{t-1}+T_{t-1})$， (9.6)

趋势项更新： $T_t=\gamma(S_t-S_{t-1})+(1-\gamma)T_{t-1}$， (9.7)

未来第 k 期的预测值：$F_{t+k}=S_t+kT_t$. (9.8)

式（9.6）中，S_t 是 t 期的指数平滑值；Y_t 是 t 期的实际值；α 是平滑参数 $(0<\alpha<1)$；S_{t-1} 是 $t-1$ 期的平滑值；T_{t-1} 是 $t-1$ 期的趋势值. 式（9.6）实际上是对 t 期平滑值 S_t 的修正，它把上一期的趋势值 T_{t-1} 加到 S_{t-1} 上，这样

可以消除因趋势而产生的滞后，使其尽可能接近实际观测值 Y_t.

式（9.7）中，T_t 是 t 期趋势的平滑值；γ 是平滑参数（$0<\gamma<1$）. 该方程实际上是对趋势的修正. T_t 被表示成相邻两项平滑值之差 S_t-S_{t-1}，如果序列存在趋势，则新的观测值总是高于（上升趋势）或低于（下降趋势）前一期数值，同时由于随机波动的影响，需要用 γ 来平滑 S_t-S_{t-1} 的趋势，然后再将平滑的结果加到前一期趋势的估计值 T_{t-1} 与 $1-\gamma$ 的乘积上.

式（9.8）是用于预测的模型. 它是把修正的趋势值 T 加到修正的平滑值 S 之上. k 是用于预测的时期数. 当 $k=1$ 时，$t+1$ 期的预测值就是 t 期的平滑值 S_t 加上 t 期的修正趋势值 T_t.

〔例 9.4〕沿用表 9.1 的数据. 用 Holt 指数平滑模型预测 2012 年的啤酒产量，并将实际值和预测值绘制成图形进行比较.

解　由于 Holt 指数平滑预测的计算十分烦琐，实际应用时可直接由 SPSS 输出结果. 表 9.5 给出了 SPSS 输出结果，包括预测值（F）和残差（NResidual）. 图 9.6 给出了实际值和预测值的比较. 从图 9.6 可以看出，Holt 指数平滑预测的效果还是不错的.

表 9.5　啤酒产量的 Holt 指数平滑预测

啤酒产量	YEAR_	DATE_	F_啤酒产量_模型_1	NResidual_啤酒产量_模型_1
2231	2000	2000	2231	0
2289	2001	2001	2484	−195
2403	2002	2002	2541	−138
2541	2003	2003	2655	−114
2949	2004	2004	2792	156
3126	2005	2005	3201	−75
3544	2006	2006	3378	166
3954	2007	2007	3796	158
4157	2008	2008	4206	−49
4162	2009	2009	4409	−247
4490	2010	2010	4414	76
4835	2011	2011	4742	92
	2012	2012	5087	

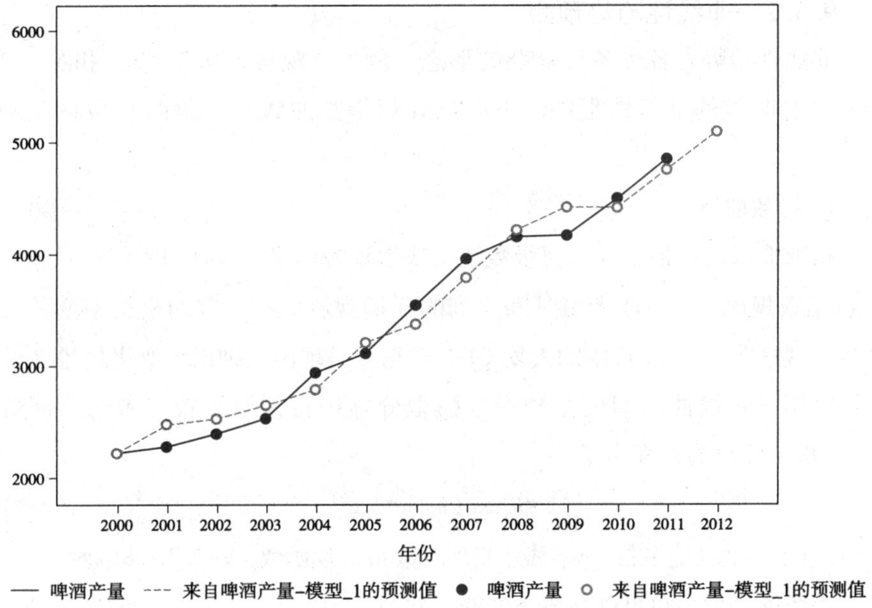

图 9.6 啤酒产量的 Holt 指数平滑预测

为了比较用一元线性回归模型和 Holt 指数平滑模型的预测效果，图 9.7 给出两种方法预测的残差图. 从残差图可以看出，两种方法预测的残差基本上都以零轴为中心随机分布，表明选择线性回归模型预测和选择 Holt 指数平滑模型预测的效果都不错（读者也可以利用均方误差进行比较）.

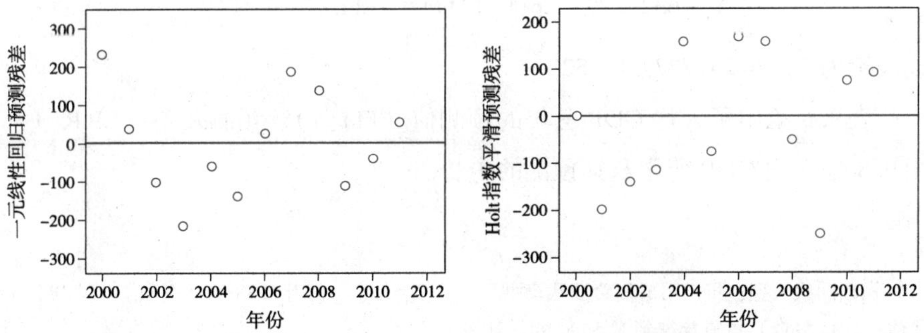

图 9.7 啤酒产量一元线性回归预测和 Holt 指数平滑预测的残差图

9.3.2 非线性趋势预测

非线性趋势有各种各样复杂的形态. 例如，观察图 9.2（b）和图 9.2（c）就有明显的非线性形态. 下面只介绍指数曲线和多阶曲线两种预测方法.

1. 指数曲线

指数曲线用于描述以几何级数递增或递减的现象，即时间序列的观测值 Y_t 按指数规律变化，或者说时间序列的逐期观测值按一定的增长率增长或衰减. 观察图 9.2（b）中的人均 GDP 数据就呈现出某种指数变化趋势（读者可以用一元线性回归模型和指数模型分别进行预测比较二者的预测效果）. 指数曲线的方程为[1]

$$\hat{Y}_t = b_0 \exp(b_1 t) = b_0 e^{b_1 t}, \tag{9.9}$$

式中：b_0、b_1 为待定系数；exp 表示自然对数 ln 的反函数，e=2.718281828459.

指数曲线模型也可以写成下面的形式：

$$\hat{Y}_t = b_0 b_1^t. \tag{9.10}$$

〔例 9.5〕根据表 9.1 中的人均 GDP 数据，用指数曲线预测 2012 年的人均 GDP，并将实际值和预测值绘制成图形进行比较.

解　式（9.9）中的 b_0 和 b_1 可以"线性化"为对数直线形式，然后根据回归中的最小二乘来求解，也可以直接使用 SPSS 或 Excel 来求解. 由 SPSS 求得的指数曲线方程为

$$\hat{Y}_t = 6324.727 \exp(0.141 t) = 6324.727 e^{0.141 t},$$

或表示为 $\hat{Y}_t = 6324.727 \times 1.152^t$.

表 9.6 给出了人均 GDP 各年的预测值（FIT_1）、预测残差（ERR_1）. 图 9.8 是人均 GDP 变化及其预测的走势.

(1) 指数曲线模型也可以写成复合曲线模型形式：$\hat{Y}_t = b_0 b_1^t$. 利用 SPSS 的〔分析〕→〔回归–曲线估计〕→〔复合〕可直接得到 b_0 和 b_1 的估计值.

表9.6 人均GDP的指数曲线预测

人均GDP	YEAR_	DATE_	FIT_1	ERR_1
7858	2000	2000	7284.61	573.09
8622	2001	2001	8390.17	231.53
9398	2002	2002	9663.52	−265.42
10542	2003	2003	11130.12	−588.12
12336	2004	2004	12819.29	−483.69
14185	2005	2005	14764.84	−579.44
16500	2006	2006	17005.64	−505.94
20170	2007	2007	19586.53	582.97
23708	2008	2008	22559.11	1148.59
25608	2009	2009	25982.83	−375.33
30015	2010	2010	29926.16	88.84
35181	2011	2011	34467.95	713.25
	2012	2012	39699.03	

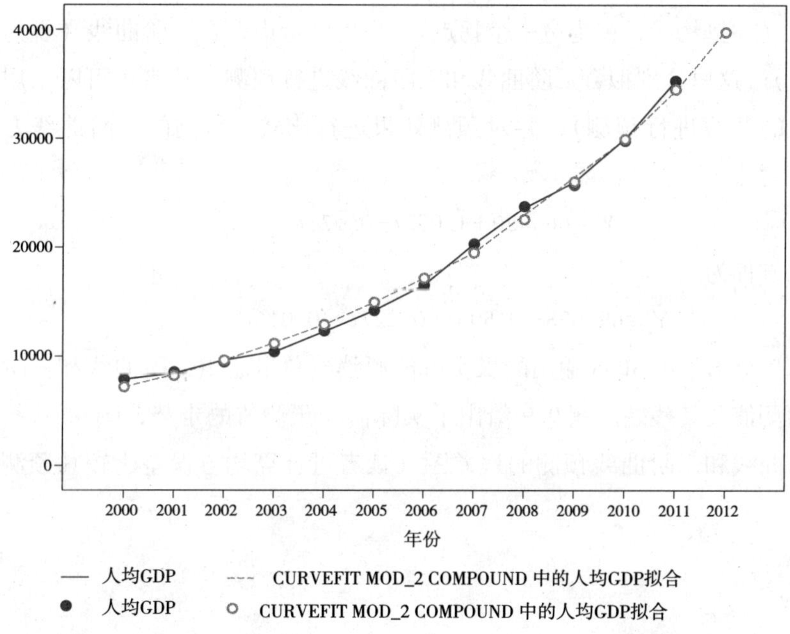

图9.8 人均GDP的指数曲线预测

2. 多阶曲线

有些现象的变化形态比较复杂，它们不是按照某种固定的形态变化，而是有升有降，在变化过程中可能有几个拐点．这时就需要拟合多项式函数．当只有一个拐点时，可以拟合二阶曲线，即抛物线；当有两个拐点时，需要拟合三阶曲线；当有 $k-1$ 个拐点时，需要拟合 k 阶曲线．k 阶曲线函数的一般形式为

$$\hat{Y}_t=b_0+b_1t+b_2t^2+\cdots+b_kt^k. \tag{9.11}$$

将其线性化后可根据回归中的最小二乘法求得曲线中的系数 b_0，b_1，b_2，…，b_k.

〔例 9.6〕根据表 9.1 中煤炭占能源消费总量的比重数据，拟合适当的趋势曲线，预测 2012 年煤炭占能源消费总量的比重数，并将实际值和预测值绘制成图形进行比较.

解　从图 9.2（c）可以看出，煤炭占能源消费总量的比重变化可拟合二阶曲线（即抛物线，视为有一个拐点），也可以考虑拟合三阶曲线（视为两个拐点）．这里分别拟合二阶曲线和三阶曲线进行预测（读者也可以采用其他阶数的曲线进行预测），并对预测效果进行比较．得到的二阶曲线方程为

$$\hat{Y}_t=66.920+1.057t-0.078t^2.$$

三阶曲线方程为

$$\hat{Y}_t=69.058-0.595t+0.227t^2-0.016t^3.$$

表 9.7 给出了由 SPSS 输出的煤炭占能源消费总量比重二阶曲线和三阶曲线的预测值及其残差．图 9.9 给出了实际值和预测值的走势，图 9.10 给出了二阶曲线和三阶曲线预测的残差图（读者可计算均方误差比较其预测效果）.

表9.7　煤炭占能源消费总量比重的三阶曲线趋势预测

煤炭占能源消费总量的比重	YEAR_	DATE_	二阶曲线预测	二阶曲线预测残差	三阶曲线预测	三阶曲线预测残差
69.2	2000	2000	67.90	1.30	68.67	.53
68.3	2001	2001	68.72	-.42	68.65	-.35
68.0	2002	2002	69.39	-1.39	68.90	-.90
69.8	2003	2003	69.90	-.10	69.32	.48
69.5	2004	2004	70.26	-.76	69.81	-.31
70.8	2005	2005	70.46	.34	70.30	.50
71.1	2006	2006	70.51	.59	70.67	.43
71.1	2007	2007	70.40	.70	70.84	.26
70.3	2008	2008	70.13	.17	70.72	-.42
70.4	2009	2009	69.71	.69	70.20	.20
68.0	2010	2010	69.13	-1.13	69.20	-1.20
68.4	2011	2011	68.40	.00	67.62	.78
	2012	2012	67.51		65.37	

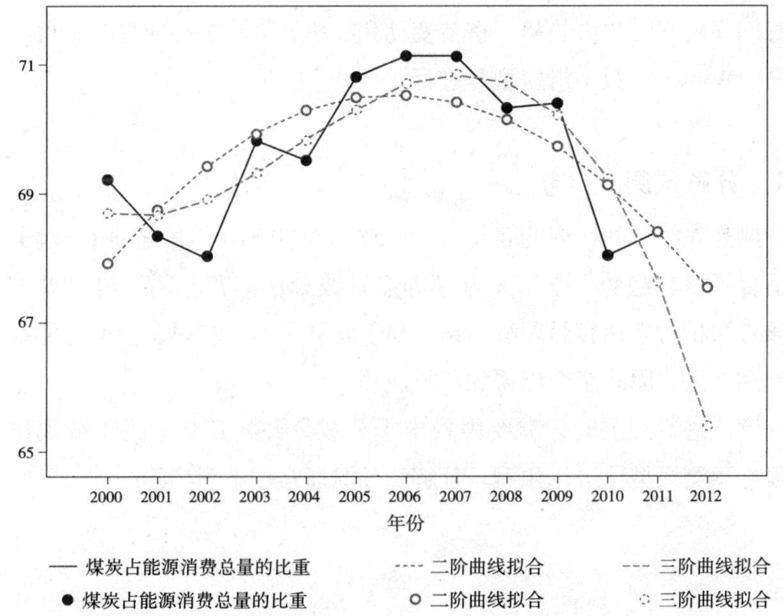

图9.9　煤炭占能源消费总量比重的二阶曲线和三阶曲线预测

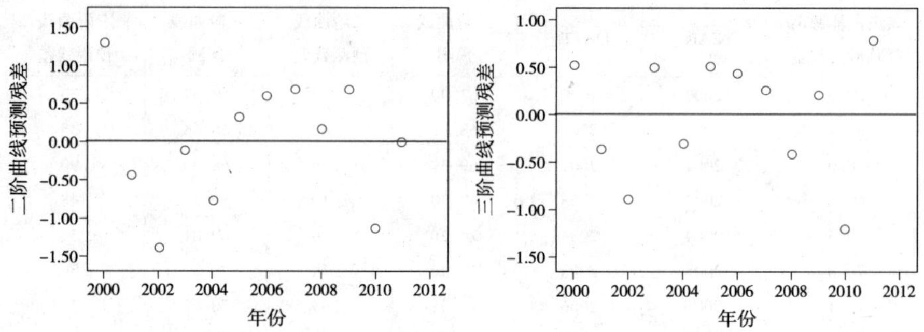

图 9.10　煤炭占能源消费总量比重的二阶曲线和三阶曲线预测残差图

9.4　多成分序列的预测

如果时间序列同时包含趋势、季节变动和随机波动等多种成分时，可以使用分解法、Winter 指数平滑模型等进行预测.

9.4.1　分解预测

分解预测是先将时间序列的各个成分依次分解出来，然后再进行预测. 该方法是适合于含有趋势、季节、循环等多种成分序列预测的一种古典方法. 由于该方法相对来说容易理解，结果易于解释，而且在很多情况下能给出很好的预测结果，因此至今仍得到广泛应用，

采用分解法进行预测时，需要先找出季节成分并将其从序列中分离出去，然后建立预测模型再进行预测. 分解法预测通常按下列步骤进行.

第 1 步：确定并分离季节成分．季节成分一般用季节指数来表示(1)，将季节成分从时间序列中分离出去，即用序列的每一个观测值除以相应的季节指数．

第 2 步：建立预测模型并进行预测．根据消除季节成分后的序列建立线性回归预测模型，并根据这一模型进行预测．

第 3 步：计算出最后的预测值．将回归预测值乘以相应的季节指数，得到最终的预测值．

下面通过一个例子说明分解预测的过程．

〔例 9.7〕表 9.8 是一家饮料生产企业 2007—2012 年各季度的销售量数据．采用分解法预测 2013 年的销售量，并将实际值和预测值绘制成图形进行比较．

表 9.8　某饮料生产企业 2007—2012 年各季度的销售量数据（单位：万吨） 3

年份	季度			
	1	2	3	4
2007	123	132	137	126
2008	130	138	142	132
2009	138	141	150	137
2010	143	147	158	143
2011	147	153	166	151
2012	159	163	174	161

解　首先，确定并分离季节成分．由于季节分离过程的计算比较烦琐，为节省篇幅，这里不再演示其计算过程．直接使用 SPSS 的季节性分解过程将时间序列分解成季节成分、趋势和周期成分和误差成分．采用乘法模型得

(1) 季节指数也称或季节因子（seasonal factors），它反映时间序列的季节变动状况．季节指数可按移动平均趋势剔除法计算，其基本步骤是：① 计算移动平均值（季度数据采用 4 项移动平均，月份数据则采用 12 项移动平均），并将其结果进行"中心化"处理，也就是将移动平均的结果再进行一次 2 项的移动平均，即得出"中心化移动平均值"（*CMA*）．② 计算移动平均的比值，也称为季节比率，即将序列的各观测值除以相应的中心化移动平均值，然后再计算出各比值的季度（或月份）平均值，即为季节指数．

3 数据 9-2

到的分离结果如表 9.9 所示. 其中: ERR_1 表示分解出来的误差成分, 即随机误差; SAS_1 表示经季节调整后的序列 (*seasonal adjusted series*); SAF_1 表示季节因素 (seasonal factors), 即季节指数; STC_1 表示趋势和周期成分 (trend-cycle). 显然有: 实际销售量=误差成分(ERR_1)×季节因素 (seasonal factors)×趋势和周期成分(trend-cycle). PRE_1 表示回归预测值.

表 9.9 啤酒销售量的分解及其预测值

	销售量	DATE_	时间	ERR_1	SAS_1	SAF_1	STC_1	PRE_1	最终预测值	残差
1	123	Q1 2007	1	.976	124.926	.985	127.970	126.009	124.069	-1.069
2	132	Q2 2007	2	1.023	131.744	1.002	128.747	127.701	127.944	4.056
3	137	Q3 2007	3	.994	129.572	1.057	130.303	129.393	136.807	.193
4	126	Q4 2007	4	.998	131.779	.956	132.003	131.085	125.330	.670
5	130	Q1 2008	5	.991	132.035	.985	133.222	132.777	130.732	-.732
6	138	Q2 2008	6	1.020	137.733	1.002	135.078	134.469	134.724	3.276
7	142	Q3 2008	7	.985	134.301	1.057	136.297	136.161	143.963	-1.963
8	132	Q4 2008	8	1.001	138.054	.956	137.949	137.852	131.801	.199
9	138	Q1 2009	9	1.006	140.160	.985	139.357	139.544	137.395	.605
10	141	Q2 2009	10	.999	140.727	1.002	140.841	141.236	141.505	-.505
11	150	Q3 2009	11	.998	141.867	1.057	142.114	142.928	151.118	-1.118
12	137	Q4 2009	12	.998	143.283	.956	143.500	144.620	138.271	-1.271
13	143	Q1 2010	13	1.000	145.239	.985	145.224	146.312	144.059	-1.059
14	147	Q2 2010	14	.999	146.715	1.002	146.926	148.004	148.285	-1.285
15	158	Q3 2010	15	1.007	149.434	1.057	148.376	149.696	158.273	-.273
16	143	Q4 2010	16	1.000	149.559	.956	149.507	151.387	144.742	-1.742
17	147	Q1 2011	17	.989	149.301	.985	150.985	153.079	150.722	-3.722
18	153	Q2 2011	18	.997	152.704	1.002	153.133	154.771	155.065	-2.065
19	166	Q3 2011	19	1.007	157.000	1.057	155.894	156.463	165.428	.572
20	151	Q4 2011	20	.997	157.926	.956	158.460	158.155	151.212	-.212
21	159	Q1 2012	21	1.004	161.489	.985	160.806	159.847	157.385	1.615
22	163	Q2 2012	22	.998	162.684	1.002	162.941	161.539	161.846	1.154
23	174	Q3 2012	23	.996	164.566	1.057	165.212	163.231	172.584	1.416
24	161	Q4 2012	24	1.012	168.384	.956	166.347	164.922	157.682	3.318
25		Q1 2013	25					166.614	164.048	
26		Q2 2013	26					168.306	168.626	
27		Q3 2013	27					169.998	179.739	
28		Q4 2013	28					171.690	164.153	

其次，建立预测模型并进行预测. 为了进行预测，需要根据经季节调整后的序列（SAS_1）建立模型（也可以根据趋势和周期成分序列 STC_1 建立模型，预测效果差不多）. 如果经季节调整后的序列为线性趋势，可以建立线性回归模型进行预测；如果为非线性趋势，如指数趋势，则需要建立非线性模型进行预测. 本例中，季节调整后的序列为线性趋势，因此采用线性回归模型. 根据最小二乘法得到的线性趋势方程为 $\hat{Y}_t=124.317+1.692t$. 根据这一方程可以得到回归预测值. 图 9.11 给出了实际销售量、经季节调整后的序列及线性回归预测的情况.

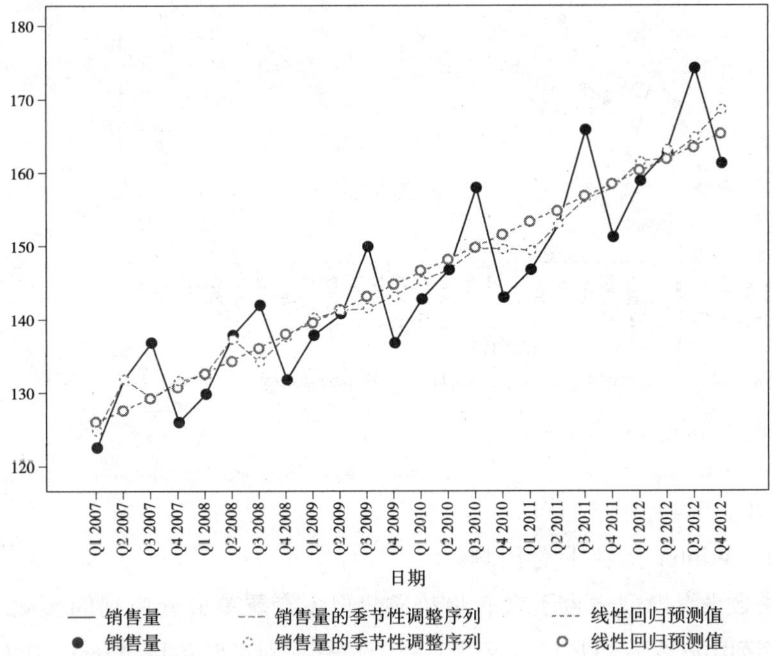

图 9.11　季节分离后的销售量及其趋势

由于回归预测值是不含季节性因素的，它表示在没有季节因素的影响下啤酒销售量的预测值. 如果要求出含有季节性因素的销售量的最终预测值，则需要将回归预测值乘以相应的季节指数，即可得到最终预测值，结果见表9.9．图9.12给出的销售量的实际值和预测值，可以看出，预测效果非常好.

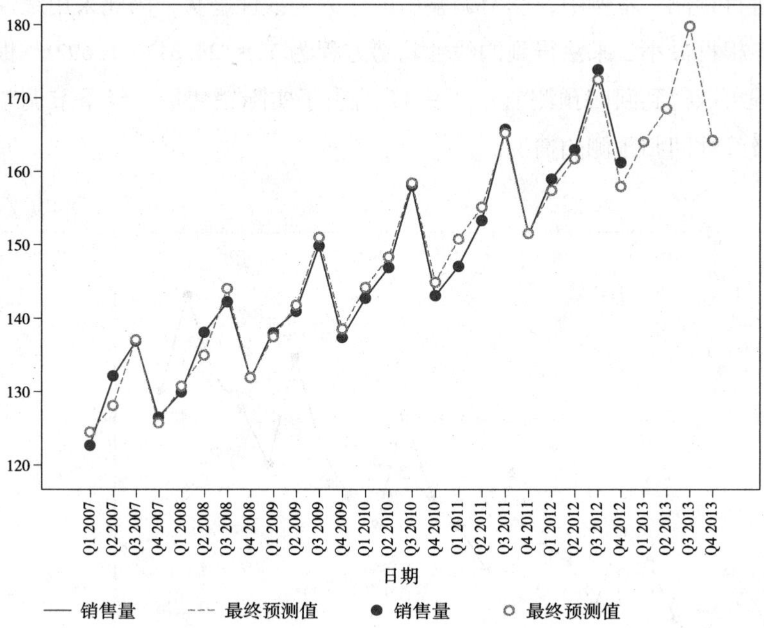

图9.12　饮料销售量的分解预测

9.4.2　Winter 指数平滑预测

Holt 指数平滑模型适合于含有趋势成分但不含季节成分序列的预测.如果时间序列中既含有趋势成分又含有季节成分，则可以使用 Winter 指数平滑模型进行预测，一般简称为 Winter 模型.

Winter 指数平滑模型包含三个平滑参数，即 α、γ、δ（取值均在 0 和 1 之间）和以下四个方程：

平滑值：
$$S_t=\alpha\frac{Y_t}{I_{t-L}}+(1-\alpha)(S_{t-1}+T_{t-1}),\tag{9.12}$$

趋势项更新：
$$T_t=\gamma(S_t-S_{t-1})+(1-\gamma)T_{t-1},\tag{9.13}$$

季节项更新：
$$I_t=\delta\frac{Y_t}{S_t}+(1-\delta)I_{t-L},\tag{9.14}$$

未来第 k 期的预测值：
$$F_{t+k}=(S_t+kT_t)I_{t-L+k}.\tag{9.15}$$

式中：L 为季节周期的长度，对于季度数据，$L=4$，对于月份数据，$L=12$；I 为季节调整因子.

式（9.12）用来求平滑值. Y_t/I_{t-L} 是用季节调整因子 I_{t-L} 去除观测值 Y_t，以消除季节变动.

式（9.13）是对趋势值的修正. 用参数 γ 加权趋势增量 S_t-S_{t-1}，用 $1-\gamma$ 加权前期趋势值 T_{t-1}，以此来对趋势值进行修正.

式（9.14）中，Y_t/S_t 是根据季节变动来调整实际值. 用参数 δ 加权这一调整值，用 $1-\delta$ 加权前一个季度数据 I_{t-L}，其结果就是 t 期的季节调整因子.

式（9.15）是用于预测的模型.

使用 Winter 模型进行预测，要求数据至少是按季度或月份收集的，而且需要有四个以上的季节周期（4 年以上的数据）.

〔例 9.8〕沿用例 9.7 的数据. 采用 Winter 模型预测 2013 年各季度的饮料销售量，并将实际值和预测值绘制成图形进行比较.

解 由于手工计算十分烦琐，这里不再对模型的计算过程予以演示. 使用 SPSS 进行预测时，模型中的参数 α、γ、δ 可由系统自动确定. 表 9.10 给出了 SPSS 输出的结果，包括预测值（P）和残差（NResidual），以及 2013 年各季度销售量的预测值. 图 9.13 给出了实际值和预测值的比较.

表 9. 10　饮料销售量的 Winter 指数平滑预测

	销售量	YEAR_	QUARTER_	DATE_	P_销售量_模型_1	NResidual_销售量_模型_1
1	123	2007	1	Q1 2007	124. 660	−1. 660
2	132	2007	2	Q2 2007	129. 974	2. 026
3	137	2007	3	Q3 2007	139. 551	−2. 551
4	126	2007	4	Q4 2007	126. 095	−. 095
5	130	2008	1	Q1 2008	131. 036	−1. 036
6	138	2008	2	Q2 2008	136. 204	1. 796
7	142	2008	3	Q3 2008	145. 415	−3. 415
8	132	2008	4	Q4 2008	131. 323	. 677
9	138	2009	1	Q1 2009	136. 091	1. 909
10	141	2009	2	Q2 2009	142. 029	−1. 029
11	150	2009	3	Q3 2009	150. 344	−. 344
12	137	2009	4	Q4 2009	137. 090	−. 090
13	143	2010	1	Q1 2010	141. 776	1. 224
14	147	2010	2	Q2 2010	147. 530	−. 530
15	158	2010	3	Q3 2010	155. 992	2. 008
16	143	2010	4	Q4 2010	143. 658	−. 658
17	147	2011	1	Q1 2011	148. 570	−1. 570
18	153	2011	2	Q2 2011	153. 623	−. 623
19	166	2011	3	Q3 2011	161. 927	4. 073
20	151	2011	4	Q4 2011	150. 220	. 780
21	159	2012	1	Q1 2012	155. 872	3. 128
22	163	2012	2	Q2 2012	163. 122	−. 122
23	174	2012	3	Q3 2012	172. 847	1. 153
24	161	2012	4	Q4 2012	161. 363	−. 363
25		2013	1	Q1 2013	167. 417	
26		2013	2	Q2 2013	174. 133	
27		2013	3	Q3 2013	184. 016	
28		2013	4	Q4 2013	172. 233	

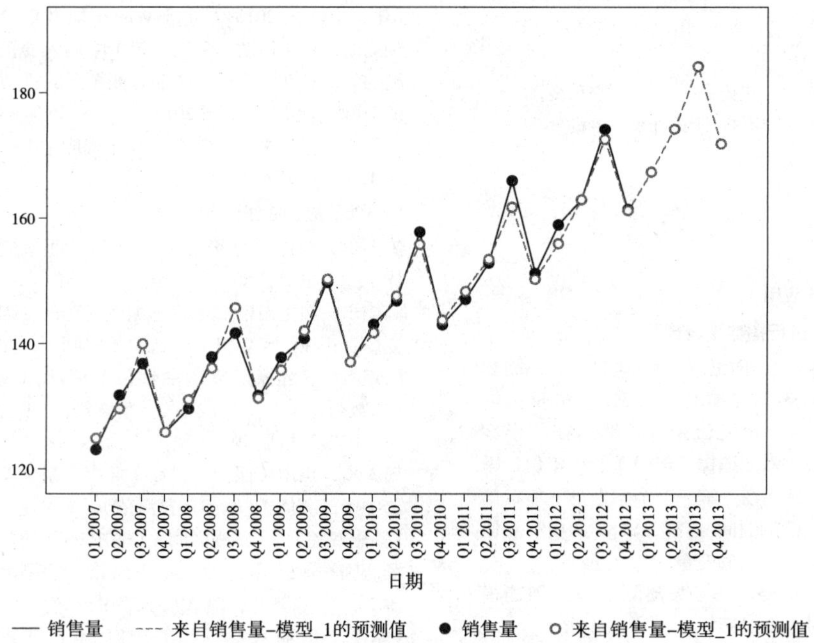

图 9.13　饮料销售量的 Winter 指数平滑预测

图 9.14 给出了分解预测和 Winter 指数平滑预测的残差图，可以看出 Winter 指数平滑预测的残差分布更接近零轴，且分布更随机. 这表明 Winter 指数平滑预测的效果更好一些.

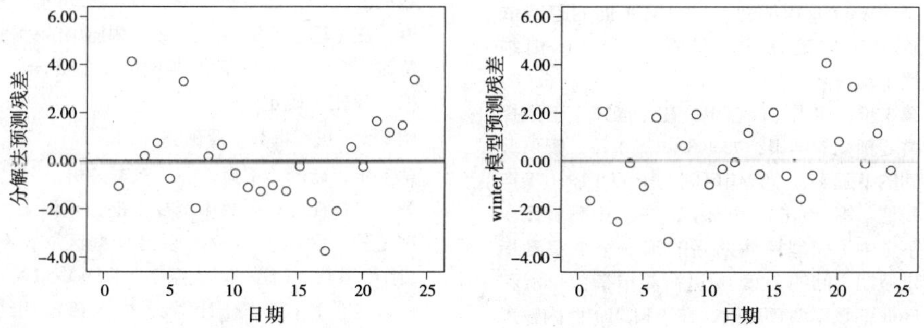

图 9.14　饮料销售量分解预测和 Winter 指数平滑预测的残差图

4 **主要术语**

时间序列	趋势	季节变动
循环波动	不规则波动	平稳序列

软件应用

1. SPSS 应用

用 SPSS 进行指数平滑预测

使用 SPSS 进行时间序列预测时，首先需要对观测值序列附加时间因素. 方法是选择〔数据〕→〔定义日期〕，然后在〔个案为〕下根据需要选择〔年份〕、〔年份，季度〕等，然后在〔第一个个案为〕下指定第一个观测值的时间. 这样，SPSS 会在观测值序列之后加上时间变量.

第 1 步：选择〔分析－预测〕→〔创建模型〕，进入主对话框.

第 2 步：将预测变量选入〔因变量〕. 在〔专家建模器〕下选择〔指数平滑法〕，点击〔条件〕，在〔模型类型〕下选择〔简单〕（进行简单指数平滑预测），点击〔进行〕返回主对话框.

（注：做 Holt 指数平滑预测则选择〔Holt 线性趋势〕. 做 Winter 指数平滑预测选择〔Winters 可加性〕或〔Winters 相乘性〕. 如果序列的趋势不依赖于序列的水平，选择〔Winters 可加性〕，如果序列的趋势依赖于序列的水平，选择〔Winters 相乘性〕.）

第 3 步：点击〔保存〕，在〔描述〕下选择需要预测的结果，如〔预测值〕、〔置信区间的下限〕、〔置信区间的上限〕、〔噪声残值〕等. 点击〔选项〕，在〔预测阶段〕下选中〔模型评估期后的第一个个案到指定日期之间的个案〕. 进行简单指数平滑和 Holt 指数平滑预测时，在〔日期〕框内输入要预测的时期. 比如要预测 2013 年的值，在〔年〕中输入 2013.（进行 Winter 指数平滑预测时，在〔日期〕下的〔年〕中输入要预测的年份，在〔季度〕中输入要预测的季节值个数，比如要预测 2013 年 1—4 季度的值，在〔年〕中输入 2013，在〔季度〕中输入 4.）点击〔确定〕.

用 SPSS 进行曲线估计

第 1 步：选择〔分析〕→〔回归－曲线估计〕进入主对话框.

第 2 步：在主对话框中将预测变量选入〔因变量〕；在〔自变量〕下选中〔时间〕；在〔模型〕下选择所需的曲线，如指数曲线〔指数分布〕、〔二次项〕（抛物线）、〔立方〕（三阶曲线）等.

第 3 步：点击〔保存〕，在〔保存变量〕下选中〔预测值〕（输出点预测值）、〔残差〕（输出残差）、〔预测区间〕（输出 95% 的预测区间）；在〔预测个案〕下点击〔预测范围〕，在〔年〕后输入要预测的年份，在〔季度〕后输入要预测的季度. 点击〔进行〕回到主对话框. 点击〔确定〕.

2. Excel 应用

用 Excel 进行移动平均预测

第 1 步：选择〔工具〕→〔数据分析〕.

第 2 步：在分析工具中选择〔移动平均〕. 单击〔确定〕.

第 3 步：在对话框〔输入区域〕中输入原始数据的区域；在〔间隔〕中输入移动间隔长度；在〔输出区域〕中选择预测结果的输出位置（通常选择与第 2 期数值对应的单元格）. 单击〔确定〕.

用 Excel 进行指数平滑预测

第 1 步：选择〔工具〕→〔数据分析〕.

第 2 步：在分析工具中选择〔指数平滑〕，在〔输入区域〕中输入原始数据区域；在〔阻尼系数〕（注：阻尼系数 $=1-\alpha$）中输入 $1-\alpha$ 的值；在〔输出区域〕中选择预测结果的输出位置. 单击〔确定〕.

4 名词解释

思考与练习

一、思考题

■ 9.1 时间序列由哪几个要素组成？

■ 9.2 简述时间序列的预测程序.

■ 9.3 解释指数平滑法的含义.

■ 9.4 Holt 指数平滑预测和 Winter 指数平预测有什么不同？

■ 9.5 如何评估预测方法的好坏？

二、练习题

■ 9.1 下表是 1991—2008 年我国小麦产量数据（单位：万吨）：

年份	小麦产量	年份	小麦产量
1991	9595.3	2000	9963.6
1992	10158.7	2001	9387.3
1993	10639.0	2002	9029.0
1994	9929.7	2003	8648.8
1995	10220.7	2004	9195.2
1996	11056.9	2005	9744.5
1997	12328.9	2006	10846.6
1998	10972.6	2007	10929.8
1999	11388.0	2008	11246.4

资料来源：国家统计局网站 www. stats. gov. cn.

（1）分别采用 3 期移动平均法和指数平滑法（$\alpha=0.3$）预测 2009 年的小麦产量，并将实际值和预测值绘图进行比较；

（2）分析预测误差，说明用哪种方法预测更合适.

■ 9.2 下表是 1991—2008 年我国财政收入数据（单位：亿元）：

年份	财政收入	年份	财政收入
1991	3149.48	1995	6242.20
1992	3483.37	1996	7407.99
1993	4348.95	1997	8651.14
1994	5218.10	1998	9875.95

续表

年份	财政收入	年份	财政收入
1999	11444.08	2004	26396.47
2000	13395.23	2005	31649.29
2001	16386.04	2006	38760.20
2002	18903.64	2007	51321.78
2003	21715.25	2008	61330.35

资料来源：国家统计局网站 www. stats. gov. cn.

采用指数曲线预测 2009 年的财政收入，并将实际值和预测值绘图进行比较.

■ 9.3 下面是某只股票连续 35 个交易日的收盘价格. 分别拟合回归直线 $\hat{Y}_t=b_0+b_1t$、二阶曲线 $\hat{Y}_t=b_0+b_1t+b_2t^2$ 和三阶曲线 $\hat{Y}_t=b_0+$ 5
$b_1t+b_2t^2+b_3t^3$，并对结果进行比较.

时间 t	观测值 Y	时间 t	观测值 Y	
1	372	19	360	7
2	370	20	357	
3	374	21	356	
4	375	22	352	
5	377	23	348	
6	377	24	353	
7	374	25	356	
8	372	26	356	
9	373	27	356	
10	372	28	359	
11	369	29	360	
12	367	30	357	
13	367	31	357	
14	365	32	355	
15	363	33	356	
16	359	34	363	6
17	358	35	365	
18	359			

■ 9.4 一家贸易公司主要经营产品的外销业务，为了合理地组织货源，需要了解外销

5 数据 9-3　6 数据 9-4　7 数据 9-5

订单的变化状况. 下表是 2006—2010 年各月份的外销订单金额(单位：万元).

9

8

时间	2006	2007	2008	2009	2010
1	54.3	49.1	56.7	64.4	61.1
2	46.6	50.4	52.0	54.5	69.4
3	62.6	59.3	61.7	68.0	76.5
4	58.2	58.5	61.4	71.9	71.6
5	57.4	60.0	62.4	69.4	74.6
6	56.6	55.6	63.6	67.7	69.9
7	56.1	58.0	63.2	68.0	71.4
8	52.9	55.8	63.9	66.3	72.7
9	54.6	55.8	63.2	67.8	69.9
10	51.3	59.8	63.4	71.5	74.2
11	54.8	59.4	64.4	70.5	72.7
12	52.1	55.5	63.8	69.4	72.5

分别采用 Holt 指数平滑模型和 Winter 指数平滑模型进行预测 2011 年各月份的外销订单金额，并将实际值和预测值绘图进行比较. 你的结论是什么?

■ 9.5　下表中的数据是 2002—2007 年我国社会消费品零售总额(单位：亿元)数据：

时间	2002	2003	2004	2005	2006	2007
1	3596.1	3907.4	4569.4	5300.9	6641.6	7488.3
2	3324.4	3706.4	4211.4	5012.2	6001.9	7013.7
3	3114.8	3494.8	4049.8	4799.1	5796.7	6685.8
4	3052.2	3406.9	4001.8	4663.3	5774.6	6672.5
5	3202.1	3463.3	4166.1	4899.2	6175.6	7157.5
6	3158.8	3576.9	4250.7	4935.0	6057.8	7026.0
7	3096.6	3562.1	4209.2	4934.9	6012.2	6998.2
8	3143.7	3609.6	4262.7	5040.8	6077.4	7116.6
9	3422.4	3971.8	4717.7	5495.2	6553.6	7668.4
10	3661.9	4204.4	4983.2	5846.6	6997.7	8263.0
11	3733.1	4202.7	4965.6	5909.0	6821.7	8104.7
12	4404.4	4735.7	5562.5	6850.4	7499.2	9015.3

资料来源：国家统计局网站 www.stats.gov.cn.

分别使用 Winter 指数平滑模型和分解法预测 2008 年各月份的社会消费品零售总额，并将实际值和预测值绘图进行比较.

网上更多:

知识导图　　基本公式　　教学 PPT　　……

8 数据 9-6　　9 数据 9-7

第10章 指　数

数字不会说谎，但说谎的人会想出办法.

——Charles Grosvenor

开篇案例：如何理解 CPI?

CPI 是居民消费价格指数（一般称为消费者价格指数）的缩写. 它反映了一定时期内城乡居民所购买的生活消费品和服务项目价格变动趋势和程度，是对城市居民消费价格指数和农村居民消费价格指数进行综合汇总计算的结果. 通过该指数可以观察和分析消费品的零售价格和服务项目价格变动对城乡居民实际生活费支出的影响程度. CPI 是被多数人关注的一个经济指标，它不仅反映了通货膨胀的程度，也直接关系到百姓的生活费支出，甚至对股市的波动也有直接影响. 下表就是我国 2012 年 2 月至 2013 年 2 月的居民消费价格指数数据（上年同期=100）.

时间	居民消费价格指数（%）
2012. 02	103. 9
2012. 03	103. 8
2012. 04	103. 7
2012. 05	103. 5
2012. 06	103. 3
2012. 07	103. 1
2012. 08	102. 9
2012. 09	102. 8
2012. 10	102. 7
2012. 11	102. 7
2012. 12	102. 6
2013. 01	102. 0
2013. 02	102. 6

CPI 是如何计算的？如何理解它对现实生活的影响？学完本章内容后你或许会对 CPI 有一个大概的了解.

10.1 指数的含义与分类 1

在日常生活中，经常听到或看到各种价格指数的统计数字. 例如，零售价格指数、销售价格指数、股票价格指数等. 指数的编制最早起源于物价指数，用于反映价格的变动. 广义地讲，任何两个数值对比形成的相对数都可以称为**指数**；狭义地讲，指数是用于测定多个项目在不同场合下综合变动的一种相对数. 从指数理论和方法上看，指数所研究的主要是狭义的指数. 因此，本章主要介绍狭义的指数.

从不同角度出发，指数可以分为以下几种主要类型：

按计入指数的项目多少不同，可分为**个体指数**和**综合指数**. 个体指数是反映一种商品价格变动的相对数；综合指数是反映多种商品价格综合变动的相对数.

按计算形式不同，可分为简单指数和加权指数. **简单指数**又称不加权指数，它把计入指数的各个商品项目的重要性视为相同；**加权指数**则对计入指数的商品项目依据重要程度赋予不同的权数，而后再进行计算. 目前应用的主要是加权指数.

按对比时间的不同，可以分为定基指数和环比指数. 在指数序列中，若所有各期指数均使用同一基期计算的，称为定基指数；若所有各期指数均以上一个时期为基期计算的，称为环比指数.

10.2 加权指数的编制

在计算指数时，通过加权可以提高指数的准确性和代表性. 因所采用的权数不同加权指数有加权综合指数、加权平均指数等不同形式.

1 统计英语

10.2.1　加权综合指数

加权综合指数是通过加权来测定一组项目价格的综合变动. 由于权数可以固定在不同时期，因而加权综合指数有不同的计算公式，较为常见的形式有拉氏指数和帕氏指数两种.

1. 拉氏价格指数

拉氏价格指数是 1864 年德国学者拉斯贝尔（Laspeyres）提出的一种指数计算方法. 该方法在计算一组项目价格的综合指数时，把作为权数的销售量固定在基期. p_0 和 p_1 分别表示一组项目基期和报告期的价格；q_0 和 q_1 分别表示一组项目基期和报告期的销售量，I_p 表示价格指数，其计算公式为

$$I_p = \frac{\sum p_1 q_0}{\sum p_0 q_0}. \tag{10.1}$$

2. 帕氏价格指数

帕氏价格指数是 1874 年德国学者帕煦（Paasche）所提出的一种指数计算方法，该方法在计算综合指数时，把作为权数的各变量值固定在报告期. 其计算公式为

$$I_p = \frac{\sum p_1 q_1}{\sum p_0 q_1}. \tag{10.2}$$

〔例 10.1〕一家网络商城销售多种商品，其中 3 种商品二季度和三季度的销售价格和销售量数据如表 10.1. 分别计算拉氏价格指数和帕氏价格指数，并对结果进行比较.

2 表 10.1　3 种商品的销售价格和销售量

商品名称	计量单位	销售价格/元		销售量	
		二季度	三季度	二季度	三季度
A	件	26	28	1200	1000
B	件	23	22	1500	2000
C	盒	98	105	800	800

2 数据 10-1

解 设零售价格为 p，销售量为 q，计算过程如表10.2.

表10.2 加权综合指数计算表

商品名称	计量单位	销售价格/元		销售量		销售额/元			
		二季度	三季度	二季度	三季度	二季度	三季度	p_0q_1	p_1q_0
		p_0	p_1	q_0	q_1	p_0q_0	p_1q_1		
A	件	26	28	1200	1000	31200	28000	26000	33600
B	件	23	22	1500	2000	34500	44000	46000	33000
C	盒	98	105	800	800	78400	84000	78400	84000
合计	—	—	—	—	—	144100	156000	150400	150600

根据式（10.1）得拉氏价格指数为

$$I_p=\frac{\sum p_1q_0}{\sum p_0q_0}=\frac{150600}{144100}=104.51\%.$$

计算结果表明，三季度与二季度相比，3种商品的销售价格平均上涨了4.51%.

根据式（10.2）得帕氏价格指数为

$$I_p=\frac{\sum p_1q_1}{\sum p_0q_1}=\frac{156000}{150400}=103.72\%.$$

计算结果表明，三季度与二季度相比，3种商品的销售价格平均上涨了3.72%.

从计算结果可以看出，帕氏指数低于拉氏指数. 因为拉氏指数使用基期销售量加权，没有反映出实际销售量的变化. 相反，帕氏指数使用报告期销售量加权，反映了实际销售量的变化对指数的影响. 通常，人们更关心在报告期销售量的条件下价格的变化，因此，帕氏指数实际中应用较多.

10.2.2 加权平均指数

加权平均指数是以某一时期的价值总量（如综合销售额或总生产成本）为权数对个体指数加权平均计算的指数. 如果实际掌握的数据是个体指数和

销售额，没有所有商品的价格和销售量详细数据时，则可以采用加权平均指数形式计算价格指数，它实际上是加权综合指数的另一种表现形式.

设基期销售额为 p_0q_0，报告期销售额为 p_1q_1，个体价格指数为 p_1/p_0. 已知基期销售额 p_0q_0 和每种商品的个体价格指数时，加权平均指数的计算公式为

$$I_p=\frac{\sum\frac{p_1}{p_0}p_0q_0}{\sum p_0q_0}. \tag{10.3}$$

已知报告期销售额 p_1q_1 和每种商品的个体价格指数时，加权平均指数的计算公式为

$$I_p=\frac{\sum p_1q_1}{\sum\frac{1}{p_1/p_0}p_1q_1} \tag{10.4}$$

实际上，式（10.3）是式（10.1）的另一种表现形式. 式（10.4）实际上是式（10.2）的另一种表现形式.

〔例 10.2〕仍以例 10.1 为背景，假定只知道 3 种商品的个体价格指数和销售额数据，而不知道 3 种商品的销售量数据，如表 10.3 所示. 试计算 3 种商品的价格指数.

表 10.3　3 种商品的有关销售数据

3

商品名称	计量单位	销售额/元		三季度比二季度价格变动/%
		二季度 p_0q_0	三季度 p_1q_1	
A	件	31200	28000	107.69
B	件	34500	44000	95.65
C	盒	78400	84000	107.14
合计	—	144100	156000	—

解　根据式（10.3）得 3 种商品的价格指数为

$$I_p=\frac{\sum\frac{p_1}{p_0}p_0q_0}{\sum p_0q_0}=\frac{1.0769\times31200+0.9565\times34500+1.0714\times78400}{31200+34500+78400}$$

3 数据 10-2

$$=\frac{15060000}{144100}=104.51\%.$$

根据式（10.4）得3种商品的价格指数为

$$I_p=\frac{\sum p_1q_1}{\sum\frac{1}{p_1/p_0}p_1q_1}=\frac{31200+34500+38400}{\frac{31200}{1.0769}+\frac{34500}{0.9565}+\frac{38400}{1.0714}}$$

$$=\frac{156000}{1504}=103.72\%.$$

计算结果与加权综合指数的结果完全一致.

10.3　几种常用的价格指数

上一节简单介绍了指数编制的思想和原理. 实际应用中指数的编制要复杂得多，几乎没有完全按照上述公式计算的. 但了解指数编制的思想和原理，对理解现实中的指数还是有一定帮助的.

在现实生活中，指数的编制通常是特定政府部门或专业研究机构中少数几个人的事. 比如，统计部门公布的各种价格指数主要是统计局中的某个部门编制的，股票价格指数是证券交易所编制的，房地产价格指数是由专门的研究机构编制的，等等. 它们编制并定期公布指数数字. 对大多数人而言，没有必要关心指数是如何编制出来的，只要知道指数所表达的意思就行了. 你不会为不知道股票价格指数是怎样编制的而不投资股票，你也不会因为不知道CPI是怎样编制的而不知道如何消费. 一个指数数字在多数人眼里只是一个“符号”而已.

统计部门编制的价格指数主要有居民消费价格指数（CPI）、工业品出厂价格指数（PPI）、商品零售价格指数、固定资产投资价格指数等. 其中多数人最为关心的主要有居民消费价格指数. 这些价格指数的含义、基本的编制过程和样本选择等都可在国家统计局网站上查到. 这里只介绍常见的几种价格指数.

10.3.1 居民消费价格指数

居民消费价格指数是我国的称呼，实际上它被广泛称为消费者价格指数，简称 CPI. 它是世界各国普遍编制的一种指数. CPI 是反映一定时期内城乡居民所购买的生活消费品和服务项目价格变动趋势和程度的相对数，是对城市居民消费价格指数和农村居民消费价格指数进行综合汇总计算的结果. 通过这一指数，可以观察消费价格的变动水平及对消费者货币支出的影响，研究实际收入和实际消费水平的变动状况，可以分析生活消费品和服务项目价格变动对职工货币工资的影响. CPI 也是有关部门制定宏观经济政策的重要参考依据.

CPI 是根据样本商品计算的，它的变动反映的是整个消费者群体消费支出的增加或减少. 注意：CPI 的上涨或下降不一定意味着你个人的消费支出就一定增加或减少，因为它不能反映个人的消费结构.

10.3.2 工业生产者出厂价格指数

工业生产者出厂价格指数一般称为生产者价格指数，简称 PPI. PPI 是反映一定时期内全部工业产品出厂价格总水平的变动趋势和程度的相对数，包括工业企业售给本企业以外所有单位的各种产品和直接售给居民用于生活消费的产品. 该指数可以观察出厂价格变动对工业总产值及增加值的影响. 多数人不像关心 CPI 那样关心 PPI，实际上，PPI 的变动在某种程度上反映了企业生产成本的变动. 比如，企业购进的原材料价格上涨，生产成本提高，必然造成出厂价格提高，这最终又会传导到消费价格的提高，导致 CPI 上涨.

10.3.3 股票价格指数

股票价格指数反映的是某一股票市场上多种股票交易价格的变动，其单位用“点”（point）表示. 目前，世界各国的主要证券交易所都有自己的股票价格指数，比如，美国的道·琼斯股票价格指数和标准普尔股票价格指数、伦敦金融时报 FTSE100 指数、法兰克福 DAX 指数、巴黎 CAC 指数、瑞士的苏黎世 SMI 指数、日本的日经225 指数、香港的恒生指数等. 我国的上海和深圳两个证券交易所也编制了自己的股票价格指数，如上交所的综合指数，深交所的成分股指数、沪深300 指数等. 由于影响股市波动的原因多且复杂，股票价格指数可以作为证券投资者投资时的参考.

4 ## 主要术语

指数　　加权指数

加权平均指数　　消费者价格指数

6 工业生产者出厂价格指数

思考与练习

思考题

■ 10.1　解释指数的含义.

■ 10.2　加权综合指数和加权平均指数有何区别与联系？

■ 10.3　解释 CPI、PPI、股票价格指数.

练习题

■ 10.1　某商场出售三种商品的销售量和销售价格数据如下：

商品名称	计量单位	销售量 q		价格 p/元	
5		基期 q_0	报告期 q_1	基期 p_0	报告期 p_1
甲	件	50	52	200	280
乙	米	30	25	100	110
丙	个	40	50	400	450

(1) 以报告期销售量为权数计算三种商品的价格综合指数；

(2) 以基期价格为权数计算三种商品的销售量综合指数.

■ 10.2　某工厂生产三种产品的有关资料如下：

产品名称	计量单位	总成本/万元		每种产品单位成本报告期比基期变动/%
		基期	报告期	
甲	件	45.4	53.6	114.0
乙	米	30.0	33.8	113.5
丙	台	55.2	58.5	108.6

(1) 以基期总成本为权数，计算三种产品的单位成本综合指数；

(2) 以报告期总成本为权数，计算三种产品的单位成本综合指数.

网上更多：

知识导图　　基本公式　　教学 PPT　　……

4 名词解释　　5 数据 10-3　　6 数据 10-4

参考书目

[1] 贾俊平. 统计学. 2 版. 北京：清华大学出版社，2006.

[2] 吴喜之. 统计学—从数据到结论. 2 版. 北京：中国统计出版社，2006.

[3] 贾俊平. 统计学基础. 3 版. 北京：中国人民大学出版社，2011.

[4] Iversen G R，Gergen M. 统计学—基本概念和方法. 吴喜之，程博，柳林旭，等，译. 北京：高等教育出版社，2000.

[5] Anderson D R，Sweeney D J，Williams T A. 商务与经济统计. 张建华，王健，冯燕奇，等，译. 北京：机械工业出版社，2000.

[6] Sincich T. 例解商务统计学. 陈鹤琴，罗明安，译. 北京：清华大学出版社，2001.

[7] Triola M F. 初级统计学. 8 版. 刘立新，译. 北京：清华大学出版社，2004.

[8] Black K，Eldredge D L. 以 Excel 为决策工具的商务与经济统计. 张久琴，张玉梅，杨琳，译. 北京：机械工业出版社，2003.

[9] Montgomery D C，Runger G C，Hubele N F. 工程统计学. 3 版. 代金，魏秋萍，译，北京：中国人民大学出版社，2005.

[10] Black K. 商务统计学. 4 版. 李静萍，等，译. 北京：中国人民大学出版社，2006.

应用统计学

Applied Statistics

图书在版编目（CIP）数据

应用统计学 / 贾俊平编著. -- 北京 ：高等教育出版社，2014.7
ISBN 978-7-04-039511-2

Ⅰ. ①应… Ⅱ. ①贾… Ⅲ. ①应用统计学—高等学校—教材 Ⅳ. ①C8

中国版本图书馆CIP数据核字(2014)第061692号

内容简介

本书共10章，内容包括统计、数据和计算机，用图表展示数据，用统计量描述数据，概率分布，参数估计，假设检验，类别变量分析，相关与回归分析，时间序列预测，指数。本书采用纸质教材配套数字课程形式出版，包含8类常用数字资源，有效辅助教与学，提高教材使用的实效性。

本书选材立足统计应用，写法通俗易懂，可作为高等学校经济管理类专业本科生统计学课程教材，也可作为其他文科专业及部分理、工、农、林、医药专业的教材或参考书，对广大社会工作者也具参考价值。

策划编辑 张晓丽　责任编辑 张晓丽
封面设计 赵　阳　版式设计 张申申
插图绘制 杜晓丹　责任校对 刘春萍
责任印制 刘思涵

出版发行 高等教育出版社
社址 北京市西城区德外大街4号
邮政编码 100120
印刷 北京人卫印刷厂
开本 787mm×1092mm　1/16
印张 15
字数 190千字
购书热线 010-58581118
咨询电话 400-810-0598
网址 http://www.hep.edu.cn
http://www.hep.com.cn
网上订购 http://www.landraco.com
http://www.landraco.com.cn
版次 2014年7月第1版
印次 2014年7月第1次印刷
定价 26.80元

物 料 号　39511-00